KB233645

앞을 보고 뛰어도 뒤로 가는 바보들

앞을보고 뛰어도 뒤로가는 바보들

배리 플리커 지음 | 고현숙 · 서기영 옮김

예문
yemun

"이 책은 너무 좋아서 비현실적으로 느껴질 정도다. 스트레스 속에서 살아가는 사람에게는 오아시스와 같은 책이다. 하던 일을 멈추고 읽어라! 그리고 마셔라!"

– 톰 브라운, 매니지먼트 제너럴

"이 책은 매일매일 쏟아지는 업무들 뒤에 사장되어 버렸을 개념들에 대한 탁월한 소개를 해주고 당신을 비약적 전진으로 일끌어 준다."

– 콜린 클로버, 애플 컴퓨터 기술담당 이사

"성공적인 출판을 위해서는 한정된 자원과 재능, 시간을 관리하는 엄격한 효율성이 요구된다. 가장 힘든 부분은 모든 팀원을 같은 방향을 향해 나아가도록 하는 것이다. 이 책은 그것을 가능하게 만들어준다. 30년 전에 이런 책이 나왔다면 정말 좋았을 텐데……."

– 댄 포인터, 『자가 출판 매뉴얼』

"정해진 시한 안에 목표를 달성해야 하는 사람이라면 누구나 이 책을 읽어야 한다. 프로젝트 관리란 결국 사람 관리이며, 여기에 그 방법이 나와 있다."

– 도널드 M. 디블, 프로젝트 월드, 공동 설립자

"나는 반항심으로 가득찬 팀을 이끌고 있는 어떤 리더에게 이 책에 있는 규칙을 소개한 적이 있었다. 그는 그 규칙을 통해 성공과 포기 (혹은 결함) 사이의 차이를 만들어 내는 자신의 시각과 행동을 재빨리 조정할 수 있었다."

– 이라 챌리프, 경영자 협회, 회장

"배리는 정말 내 마음에 불을 질렀다. 어서 빨리 이 새로운 아이디어와 기술을 실무에 적용해 보고 싶다."

– 콘래드 캔덜, SiRF 테크놀로지

"지난 3년 반 동안 플리커의 프로그램은 우리가 창의성을 발휘하고 유연성에 대한 요구와 목표를 달성하는 데 있어서 책임을 다 함께 지는 것을 가능하게 만들었다. 이 프로그램은 계속 힘을 낼 수 있고, 스케줄을 유지할 수 있도록 하며, 무엇보다 믿을 수 없을 정도로 빠른 비즈니스의 세계에서 제정신을 잃지 않게 해준다.

– 제리 헌트, HAL 컴퓨터 시스템즈, 교육 및 조직개발 매니저

"이 책은 정말 좋았다. 이것을 읽으면서 나는 특별한 변화를 감지할 수 있었다."

– 신디 플래허티, 프로젝트 매니저

"고맙습니다, 배리! 훌륭한 강의였어요. 애플 컴퓨터의 직원들도 이를 잘 숙지하여 최강의 팀으로 일할 수 있도록 해야겠습니다."

— 뎁 페바니크 휘트니, 애플 컴퓨터

"이 글은 이제껏 내가 비평했던 것 중 가장 훌륭한 원고다. 첫 단어부터 배리 플리커는 정확한 언어와 풍부한 통찰력, 그리고 열정적인 분위기로 나를 끌어들였다. 나는 통찰력 있는 그의 생각에 밑줄을 그었고, 나중에 페이지를 넘기다 강조된 부분을 볼 때는 너무 기뻐서 웃었다."

— 케트린 에퍼슨, 조직 효과성 컨설턴트

"나는 이 원고가 정말 예외적인 것이라고 느꼈다. 정말 쉬우면서도 아주 체계적이었다. 나는 조직 문제에 관심이 많은데, 이 책에서 다루는 팀 문제들은 매우 현실적이었으며 이 문제들에 대한 분석도 아주 정확한 것이었다."

— 린다 피터스, 메사추세츠 대학

"정말 잘 된 책이다! 나는 여기에서 정말 많은 것을 얻을 수 있었다. 프로젝트에 대한 강사의 지식은 거의 구루의 수준이다."

— 스콧 코왈리스키, 질링스사

"이 책은 팀워크와 일을 둘러싼 팀원 간의 관계에 대하여 상식적 접근을 하고 있다. 이것은 고객과 함께 일하는 데 있어서 아주 유용하고, 비영리기관에서도 많이 활용할 수 있는 책이다."

– 클레어 테일러, 경영 연구 서비스, 이사

썩 즐겁지는 않은 농담으로 시작해 보자. 시간과 노동을 절약하는 수단을 개발하면 할수록 일은 더 빨리 해야 하고, 우리는 점점 더 바빠진다! 바로 지금 우리 눈앞에서 벌어지고 있는 현상이다. 이것을 나는 광속(light speed)보다 더하다는 뜻으로 '광속狂速(warp speed)' 이라 부르겠다. '광속으로 일하기' 는 우리로 하여금 기계처럼 행동하게 한다. 즉 우리는 예전보다 훨씬 짧은 시간 안에 더 많은 업무를 해치우기 위하여 기계처럼 움직인다. 그러나 그렇게 숨막히게 뛰어도 목표에 도달하지 못한다는 것이다. 엎친 데 덮친 격으로 이 과정에서 우리는 일의 핵심적인 본질을 놓쳐 버린다. 이 책은 프로젝트를 수행하는 팀이 일의 핵심을 놓침으로써 얼마나 많은 대가를 치러야 하며, 거기에 대해 우리가 무엇을 할 수 있는지, 그리고 왜 지금 바로 조치를 취하는 것이 중요한지를 알려줄 것이다.

지난 12년 간 내가 주도하는 '프로젝트 마스터 과정'을 통해 여러 팀들이 심각한 절망 상태(또는 닥치는 대로 마감에 쫓기는 것)에서 탈출할 수 있었다. 나는 그들이 직면한 문제를 예상할 수 있었고, 그것들을 정리하여 가장 일반적인 불만사항들을 모아 일종의 '톱 텐 리스트'를 만들었다. 이것이 바로 '우리를 뒤로 가게 만드는 장애물 10가지'이다. 나는 일을 시작할 때, 간단한 질문과 함께 이 리스트를 보여준다.

"이 열 가지 중 여러분이 골머리를 앓는 문제가 뭐죠?"라고 물으면 대부분 "전부 다요!"라고 대답한다. 사람들은 일이 너무 많은데다가 비현실적인 마감 시간과 계속 추가되는 일로 인해 짓눌려 있다고 느낀다. 그들은 목표를 정하고 계획을 세우는 일은 제대로 하지 않는다. 그러면서도 끊임없이 일어나는 문제를 처리하고 잘못된 의사소통을 바로잡기 위해 허우적거리고 있다.

아무 회사나 들어가서 아무 직원이나 붙잡고 물어 보라. 만약 리스트 상의 어떤 한 가지 장애물이라도 경험한 적이 있다고 대답한다면, 당신은 그들이 한 가지 장애물이 아닌 모든 장애물들과 씨름하고 있다는 대답을 듣게 될 것이다.

아직도 프로젝트 매니지먼트란 미우주항공국의 엔지니어나 수준 높은 개발자들에게나 필요한 것이라고 생각하는가. 우리들 삶의 모든 측면에 이 '프로젝트 사고'가 얼마나 많이 침투해 있는지를 깨닫지 못하는가. 자기 집을 리모델링하거나 혹은 결혼식이나 회갑연 같은 중요한 행사계획을 도와준 적이 있는가? 예상치 못했던 위기에 부딪혀서 임기응변으로 대처했던 적이 있는가? 그런 것들이 바로 전형적인 프로젝트 매니지먼트이다. 정치적인 캠페인을 시행하고, 영화를 만들고, 배낭여행 팀을 조직한다면 그것이 바로 프로젝트이다. 당신이 마감일까지 어떠한 일을 해야 하는 상황이라면 그것은 이미 하나의 프로젝트이고, 당신은 프로젝트 기초에 의지하여 일을 진행해야 한다. 법률회사, 광고대행사, 병원, 건축사무소, 결혼정보회사, 출판사, 사회복지 시설 등 어떤 분야에서 일하든 지금처럼 초고속으로 변화하는 세계는, 모든 사람을 당혹스럽게 만든다. 따라서 우리는 그것을 극복하기 위한 프로젝트 매니지먼트 솔루션을 만들어야 한다.

그러나 이런 만성적인 실패 요인을 극복하기 위해서 우리는 대단한 것을 발명하는 것처럼 처음부터 다시 시작할 필요는 없다. 나는 이미 많은 작업을 진행해 왔고, 그 결과는 이 작은 책의 갈피마다에 압축되어 있다. 그것이 어떻게 가능했을까? 종종 복잡한 문제일수록 아주 단순한 해결책이 존재하는 것과 같이, 결사적으로 연구를 하고 나서야 우리는 찾고 있던 안경이 머리 위에 걸쳐져 있음을 발견한다.

이와 마찬가지로 초스피드의 세계에서 느끼는 혼돈의 압력에서 벗어나려는 우리의 연구는 명백하고도 놀라운 결과를 낳았다. 해결책은 직관과는 반대인 경우가 많다. 문제의 근원은 우리가 생각했던 것이 아니라 우리가 전혀 예상치 못했던 곳에서 모습을 드러낸다. 그러나 내가 단언하건대 이 책을 다 읽을 때쯤이면, 어떤 장애물에 부딪히더라도 그것을 뛰어 넘을 수 있는 간단한 해결책을 발견할 수 있을 것이다.

시뮬레이션 훈련을 해보는 것이 사람을 중심으로 한 접근법을 설명하는 데 있어서 가장 쉬운 방법이다. 그런 목적으로 나는 가상의 프로젝트 팀을 만들어 냈다. 비록 등장인물들은 가상 인물들이지만 그들이 겪는 문제는 모두 매우 현실적이다. 그들의 의견, 반대의견도 역시 마찬가지이다. 예를 들면 마지막 장에 나오는 엘렌의 편지는 실제 내용이다. 여기에 등장하는 인물들은 십 년 이상 관찰해온 사람들의 행동을 재창조한 것이다. 다시 말하자면, 이 가상세계는 가능한 한 실제의 세계와 똑같게 만들어졌다.

사실 나는 재미와 명확성을 둘 다 갖추게 하기 위해 실제 세계에서 경험했던 것보다 더 많은 논쟁을 만들었다. 나는 다양한 분야에 있는 수많은 팀들과 함께 실험했고, 그 결과를 관찰하였으며, 논리적인 결론을 이끌어 내었다. 때로는 놀랄 만한 결과가 나오기도 했다. 만약 조금이라도 의심스럽다면, 당신이 직접 이 책에 소개된 실습을 해 보길 바란다. 나는 그 과정에서 당신이 발견한 내용을 정말 알고 싶다.

이 12년에 걸친 발견의 여행은 꿈을 실현하는 과정이었다. 이 연구 과정 동안 일일이 거론할 수도 없을 정도로 수많은 친구들과 참가자들은 그들의 통찰력을 나에게 제공해 주었다. 그들의 지도와 격려는 큰 힘이 되었다. 무엇보다도 나를 격려해주고 훌륭한 피드백을 제공해 주었으며, 내 삶을 지상의 천국으로 만들어주는 아내 셰론에게 사랑과 감사의 마음을 전하고 싶다.

배리 플리커

차례

들어가는 글

지금 너무 바빠서 계획도 세울 수 없고, 너무 급해서 커뮤니케이션이라고 해봐야 이메일 몇 개를 읽는 게 고작이고, 게다가 그것도 다 읽을 수조차 없지 않은가? 시시콜콜한 일에 너무 집착한 나머지 약속이나 문제점을 그냥 지나쳐버리지는 않는가?

만약 과중한 업무를 없앨 수만 있다면 당신의 삶이 어떻게 될지 상상해 보라. 비현실적인 마감 시간에 맞추기 위해 헉헉거리지 않아도 되고, 계속되는 사고 처리, 허술한 계획, 비효율적인 커뮤니케이션 등도 줄어들 것이며, 그것들을 해결하기 위하여 회의에서 끊임없이 시간을 낭비하는 일도 크게 줄어들 것이다.

이것은 충분히 가능한 일이다. 당신이 팀 전체를 프로젝트에 대한 열정으로 무장시키고 성공을 위해 헌신하도록 하며, 모두가 한 방향을 가리키도록 만든다면 말이다. 그러나 어떻게 해야 할까?

이제 당신은 바로 그런 질문을 하고 있는 다섯 사람을 만나게 된다. 그들은 빨리 해답을 찾아야 한다. 그들에 대한 기대치는 높지만 그들은 계속 난관에 부딪히고 있다. 그들의 고객은 불평하고 있고, 시간은 얼마 남지 않았다. 그들은 절망적이다. 때로는 그들이 더 열심히 노력할수록 상황은 점점 악화되는 것 같다. 만약 6개월 내에 상황을 호전시키지 못한다면, 그들의 다음 프로젝트는 새 직장을 구하는 것이다.

과연 상황을 역전시킬 어떤 방법이 있을까? 팀원들은 회의적이다. 실험을 통해서 그들 스스로가 잘못된 방법으로 문제를 해결해 왔다는 것을 알아차리기 전까지는 말이다. 아마 당신도 마찬가지일 것이다.

이 책을 읽고 나면 당신의 일하는 방식은 앞으로 영원히 바뀔 수 있다. 나는 지난 12년 동안 하이테크 분야의 선도적인 기업들과 일류 대학들, 그리고 정부기관에서 성공을 거둔 프로젝트 혁신 방법을 통해서 즉각적인 성과를 얻을 수 있는 네 개의 간단한 규칙을 뽑아냈다. 이 네 가지 규칙은 마치 미켈란젤로가 대리석으로 조각해낸 천사와 같다. 미켈란젤로의 천사처럼 우리는 규칙을 발견하기 위해 필요 없는 모든 것을 깎아내는 일만 했을 뿐이다. 깎아내는 과정에는 상당한 시간과 노력이 들었지만, 그렇게 해서 나온 결과는 대단히 만족스러웠다. 당신은 여기에 등장하는 팀이 프로젝트 진행이 지루하고 고도로 기술적일 것이라는 오해를 떨쳐버렸음을 알게 될 것이다. 더 나아가 이들은, 업무부담을 줄이고 팀을 열정으로 타오르게 하는 이 특별한 시스템을 누구나 활용할 수 있음을 보여줄 것이다.

우리를 뒤로 가게 만드는 장애물 10가지

1. 이미 과중한 업무를 수행하고 있는 상태에서 프로젝트를 시작한다.

2. 서두르는 것은 오히려 프로젝트의 목표를 허술하게 정의해버린다.

3. 비현실적인 데드라인으로 팀원들은 미리 포기해버린다.

4. 급박감 때문에 커뮤니케이션은 더 부족해진다.

5. 위기의식을 느끼면서 계획수립에 대한 노력은 줄거나 아예 빠져버린다.

6. 다른 부서의 지원을 받지 못하여 프로젝트가 지연된다.

7. 지속적인 좌절은 비난과 책임 추궁을 불러온다.

8. 고객들이 추가적인 것을 요구함에 따라 프로젝트의 범위가 확장된다.

9. 회의는 너무 오래 걸리며, 똑같은 얘기를 재탕하는, 소수가 주도하는 비생산적인 회의가 계속된다.

10. 계속되는 '소방수 업무' 에 모든 시간과 노력이 소모된다.

제 1 장
바쁘다! 바빠!

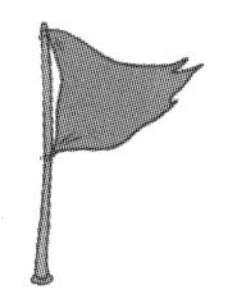할 일은 너무 많고, 시간은 너무 부족하다. 우리가 마감일까지 성과를 내놓기 위해 -이것이 바로 프로젝트이다- 다른 사람의 도움에 기댈수록 문제는 점점 악화된다. 마치 모래 위에 성을 쌓는 것 같은 느낌이다. 모래를 더 열심히 파헤칠수록 그 기반은 우리 바로 밑에서 무너져버린다. 이런 방식으로 계속해서 일한다면 우리는 즐거움이 뭔지도 모르고, 결혼생활을 망치게 되며, 건강 또한 나빠질 것이다. 대부분의 사람들은 너무 오랫동안 이런 방식으로 일해왔기 때문에 이처럼 엄청난 속도로 정신 없이 일하는 것이 피할 수 없는 것처럼 느끼지만 그렇지 않다. 사실 그런 방식은 지속되어서는 안 된다. 이것이 바로 앞으로 등장할 크리스티와 그 팀원들이 내 프로젝트 마스터 과정에 참가 신청을 했던 이유이다. 그들은 해법을 찾기 위해서 도움이 절실히 필요했다.

내가 오전 과정에 쓸 플립 차트(한 장씩 넘길 수 있게 된 도해용 카드)를 준비하고 있을 때, 크리스티 이사가 교육장으로 들어가는 것이 보였다. 빨간 머리부터 뉴욕식 억양까지, 정신 없

이 바쁜 오늘에 살고 숨쉬는 전형적인 사람이었다. 틀에 박힌 실질적인 옷차림, 이것저것 애매한 점 없이 즉시 비즈니스에 착수하려는 태도. 그녀의 목소리는 평소처럼 또렷하고 힘에 차 있었지만, 그런 겉모습 바로 밑에는 절망감이 놓여 있다.

"달리는 말에 채찍질…… 정말 죽을 맛이에요." 첫 상담에서 그녀는 매우 솔직하게 말했다.

크리스티는 위기에 직면해 있었다. 정보통신 담당임원인 그녀는 빨리 '팀이 제대로 돌아가도록 독려할' 필요가 있었다. 그녀의 팀은 전체 조직의 전자신경 시스템을 유지관리하고 있는데, 서로 간의 의사소통 실패와 끊임없는 긴급사고 처리로 완전히 좌절감에 빠져 있었다. 일의 질은 떨어졌고, 마감 시간을 넘기는 것은 예사가 되어 버렸다. 팀의 핵심인력들은 감당하기 어려운 업무량과 비현실적인 스케줄, 건강을 해칠 정도의 스트레스 등을 호소했고, 안팎에서 고객의 불평이 늘어났으며 인내심을 잃어갔다.

그러나 크리스티 팀은 문제의 원인이 무엇인지 분명하게 알 수는 없었다. 원인을 알아보기 위한 사전 면담에서 팀원들은 서로 다른 의견을 제시했다.

프로젝트 매니저인 브렌다는 고객과 고위 경영진의 요구

가 끊임없이 바뀌는 것이 문제라고 하였다. '업무는 감당 못할 정도로 넘치고 정신 없이 바쁜데, 새로운 요구를 어떻게 들어줄 수가 있느냐'고 푸념하였다. 그녀는 자신을 몰아붙이며 더욱더 최선을 다했지만, 그것은 오히려 그녀를 완전히 지쳐 떨어지게 만들었다. 마치 그녀가 더 빨리 일할수록 일은 더 더디게 진행되는 것처럼 보였다. 브렌다는 팀원들이, 특히 그 중에서도 알이 좀더 효율적으로 생산성을 높여주기를 바랐다.

하지만 알의 관점은 달랐다. 알은 크리스티 이사가 실제 돌아가는 업무를 무시하고 비현실적인 마감일을 정한다고 생각했다. 그리고 브렌다가 이사의 요구를 효과적으로 차단하지 못하고 그대로 받아들임으로써 시작부터 실패가 예정된 것이나 마찬가지라고 하였다. 그는 또한 자신이 하는 일이 조직의 큰 목표에 어떻게 기여하는지 도무지 모르겠다고 불평했다. 브렌다에게 그 문제에 대해 얘기해 보았느냐고 물었을 때, 그는 피식 웃으며 이렇게 대답했다.

"그녀는 남의 말을 듣지 않아요."

다른 팀원 데이브는 또 다른 문제를 제기했다. 그의 생각으로는 문제를 악화시키는 것은 딱 한 가지, 한 방향으로만 향해 있는 손가락질이었다. 어차피 끊임없이 변화하는 경제와 폭발적으로 성장하는 기술이 결합하는 현대사회에서 위기란 피할 수 없는 상황이라는 것이다. 누구든 이런 상황에 적절히 대처한다는 것은 거의 불가능할 뿐만 아니라, 그런 판국에 매니저에게 무얼 물어본다는 것은 과도한 스케줄에 치이는 그녀를 더욱 지치게 만든다고 생각했다. 그래서 그는 의문사항이 있어도 브렌다에게 묻지 않고 묵묵히 자기 일만 해 왔다.

데이브의 입장이 '현상유지' 라면 엘렌은 '분노' 였다. 팀의 최고 기술자인 그녀는 직장을 바꿔야 할 때가 아닌지 고민하고 있었다. 그녀는 성공과 끝없는 '속도 따라잡기' 게임의 덫에 갇힌 듯한 느낌이었다. 많은 일을 해낼수록 해야 할 일은 끝도 없이 밀려들었다. 더구나 팀 전체가 자신에게 의존하는 정도가 커질수록, 그녀 자신은 새로운 도전으로 나아가기가 어려워지는 게 아닌지 두려웠다.

나는 크리스티 이사와 프로젝트 매니저, 팀원과 함께 앉아, 그들이 큰 틀에서 문제를 바라보도록 요청했다.

"여러분이 말한 것과 똑같은 이유들이 지난 반 세기 동안 사람들을 돌아버리게 해 왔다는 걸 압니까?" 라고 나는 물었다. "현재의 놀라운 기술 진보에도 불구하고, 여러분을 좌절하게 만든 이유들은 마치 감기처럼 지금도 그대로입니다. 사실

10. 여전히 회의가 존재한다.

> 너무 많은 회의

9. 하나의 불길을 끄자마자 또 다른 불길을 잡아야 한다.

> 끝없는 소방수 업무(긴급한 일들)

8. 하루 24시간도 모자란다.

> 업무 범위가 계속 확장됨

7. 모두 남의 탓으로 돌린다.

> 비난과 손가락질

6. 나머지 팀원들은 놀러 나갔다.

> 지원 부족

5. 우리도 이것이 이렇게 될 줄은 몰랐다.

> 허술한 계획

4. 내 생각에 "당신 미쳤어요?"는 건강에 관한 질문이다.

> 잘못된 커뮤니케이션

3. 언제까지 해주기를 바라나요?!

> 비현실적인 데드라인

2. 그것이 무엇인지 제대로 알았더라면 더 잘할 수도 있었을 텐데

> 불분명한 목표

1. 의사는 아직도 그가 휴식이 필요하다고 말한다.

> 과다한 업무

최첨단 기술이 더 빠른 속도로 우리를 몰아칠수록, 오히려 증세는 더 심해지는 것 같습니다. 여러분이 말한 것들이 바로 그 증상들입니다."

그 다음 나는 '우리를 뒤로 가게 만드는 10가지 장애물'을 스크린에 올려서, 그들 스스로가 말한 것을 정리하도록 했다. 나는 코믹 토크쇼 스타일로 만든 '일이 착착 진행되지 못하는 열 가지 이유'를 그들에게 나누어 주었다.

"내 문제가, 당신 말대로 '미친 듯이 빨리빨리' 때문인지는 확신할 수 없네요." 크리스티 이사가 말했다. "당신 말마따나 제게 그런 문제가 있긴 있죠. 하지만 그게 일을 더 생산적으로 만들어주지 않나요? 몰아붙이는 일의 속도 땜에 잠시 힘들고 괴롭겠지만요."

"맞습니다. 양날을 지닌 칼이죠. 더 빨라지는 만큼 힘이 배가 되겠죠. 하지만 시속 200킬로미터로 달리다가 과속방지턱을 들이받았을 때 어떻게 될지 생각해 보세요. 아주 빠르게 변화하는 세계에서는 사소한 실수 하나가 잠재적으로 파국적인 붕괴를 일으킬 수 있습니다. 그렇기 때문에 우리는 만약의 경우를 대비하여 엄청난 손실을 야기할 실패의 여지를 완전히 없애야 합니다."

“마치 우리가 덫에 걸린 것 같군요.” 데이브가 말했다.

“누가 덫을 놓았는지, 왜 그랬는지 알 수 있다면 그 덫은 제거할 수 있습니다.” 나는 데이브에게 말했다. “잠시, 우리를 뒤로 가게 만드는 장애물에 대해 생각해 봅시다. 이러한 장애물이 발생하는 근본 원인은 무엇일까요?”

그들이 생각하는 동안 나는 재빨리 그들과의 면담록을 살펴보았다. 나는 이미 그들이 생각하는 해답을 알고 있었다.

모두네 탓이오

“저번 면담에서 여러분 각자는 범인이 누군지 아는 것 같더군요. 여러분이 말한 것 중에는 이런 게 있었습니다. 현장 물정을 모르는 고위 경영진, 비협조적인 동료들, 무리한 요구를 하는 고객……”

“믿을 수 없는 상사도 잊지 마세요.” 프로젝트 매니저인 브렌다가 말했다.

“진짜 신경을 썼다면,” 크리스티 이사가 말했다. “예산을 봐서, 더 재능 있는 팀원을 왜 진작 포함시키지 않았나요?”

“네, 정말 인상적인 이유들입니다.” 내가 말했다. “마치 모

좌 절

너무 빨리 변화하는 세계에서는

사소한 실수로

파국적인 붕괴가 일어난다.

든 문제의 실제 원인이 '나를 뺀 나머지 바보들' 때문인 것 같
군요. 만약 그 바보들이 똑바로 하기만 했다면 우리 고통은 없
었을 것이다, 맞죠?"

팀원들의 멋쩍은 미소가 무언가 찔리는 데가 있는 것처럼
보였다.

"그런 식의 문제해결 방법에는 좋은 소식과 나쁜 소식이
있습니다" 나는 이어서 말했다. "좋은 소식은 팀의 문제가 누
군가 다른 바보의 잘못 때문이라는 것입니다. 그렇다면 나쁜
소식은 무엇일까요?"

"우리가 바로 그 바보라는 거죠." 알이 말했다. 그의 말에
모두 웃었다.

"할 수 없죠, 뭐." 엘렌이 덧붙였다.

"맞습니다. 다른 사람들은 문제 해결에 별로 관심이 없습
니다." 나는 동의했다.

"우리가 누군가를 바보 취급하는 경우에는 더 그렇죠." 데
이브가 말했다.

"그렇다면 정반대로 생각해 봅시다. 우리가 문제에 직면했
을 때 취하는 행동이 오히려 덫을 만들었다고 말입니다. 물론
여기서 나쁜 소식은 우리 자신이 바로 문제점을 가지고 있다는

것이죠. 하지만 좋은 소식은 우리 스스로를 문제의 원인으로 보았을 때 뭔가 변화시킬 수 있는 힘을 더 많이 가지게 된다는 점입니다.”

“그것 참 매력적인 카피네요.” 알이 말했다. “하지만 난 그런 카피에 속아서 물건을 사지는 않겠어요. 현실감 없는 마케팅 팀 친구들이, 직원들이 직접 나가 상품을 갖다준다는 등 말도 안 되는 약속을 고객들에게 하질 않나, 높으신 분들이 15분마다 우선순위를 바꾸질 않나, 그런 게 왜 내 잘못이죠?”

“나도 그게 당신 잘못이 아니라고 생각합니다. 하지만 당신이 행동을 조금만 변화시킴으로써 팀을 성공으로 이끌 수 있다면 어떻겠습니까? 당신이 불평하는 그런 일은 결국 스스로의 성공을 가로막는 것들인데 말이죠. 만약 그렇다면 자기 자신을 변화시킬 마음이 있습니까?” 내가 물었다.

“내게 뭘 변화시키라고 요구하는지에 달렸죠.” 알이 대답했다.

“여러분이 무언가 바꾸기를 원하는 게 아니에요. 단지 ‘업무 효율을 떨어뜨리는 스스로의 행동을 기꺼이 변화시키겠느냐’는 것입니다. 이 질문에 쉽게 대답할 수 있도록 간단한 게임을 해봅시다. 여러분은 스스로 어떤 방법이든 선택할 수 있고,

책 임

우리 스스로를

문제의 근원으로 설정할수록

상황을 호전시킬 수 있는 힘을

더 많이 가질 수 있다.

여러분의 방법이 우리를 뒤로 가게 만드는 장애물 10가지 중 어떤 항목에 관련되는지 평가할 수 있습니다. 이것은 여러분 다섯 명이 15분 내에 간단한 프로젝트를 완수하도록 하는 일종의 게임입니다."

하지만 알은 팀이 없어질지도 모르는 위급한 상황에서 게임 따위를 하는 일이 과연 가치 있는 일인지 회의적이었다. 또한 자신의 경력에 곤란을 줄 어떤 폭로가 15분 동안 일어나지는 않을지 찜찜해 했다.

"알, 분명한 것은 지금 일이 제대로 돌아가고 있지 않다는 것이죠. 그렇지 않다면 우리가 이런 대화를 하고 있을 이유가 없지요. 15분만 협조해 준다면, 제가 보장하죠. 아주 충격적인 사실을 직접 발견할 겁니다."

"좋습니다." 그는 내키지 않은 듯 동의했다. "15분만입니다."

다음 단계로 넘어가기 전에 팀원들이 주요 내용들을 제대로 파악하고 있는지 확실히 해야 했다. 그것을 요약하면 다음과 같다.

1. 50년 동안 조직에서 사람들을 절망하게 만들었고, 우리

를 뒤로 가게 만든 열 가지 장애물 리스트가 있다.

2. 대부분의 사람들은 이런 문제점이 '나를 뺀 나머지 바보들' 때문이라고 비난하는데, 사실은 그로 인해서 자신들이 무죄가 되는 동시에 어쩔 수 없이 바보가 된다.

3. 그러므로, 우리는 정반대의 가설을 세우고자 한다. 즉 우리가 하고 있거나 또는 하고 있지 못한 일들이 오히려 장애물 리스트를 계속 온존시키고 있는 원인이 된다.

4. 우리가 이렇게 사고를 전환한 것은 우리 스스로를 문제의 근원으로 설정할수록 우리는 더 빠르고 극적으로 상황을 호전시킬 수 있기 때문이다.

5. 이 가설을 테스트하기 위해서 우리는 실제 상황에서 겪는 곤경에 대해 즉각적인 피드백을 제공할 수 있는 일련의 실험을 수행한다.

6. 과거에는 이러한 장애물이 참을만했지만, 현재에는 이런 사소한 잘못으로 파국에 이를 수 있다.

이제 프로젝트 게임을 실시함으로써 우리는 이 같은 문제가 왜, 그리고 어떻게 일어나는지 볼 수 있다. 직접적인 실험을 통해서만 우리는 프로젝트 성공을 위한 네 가지 규칙의 가치를 실제로 인정할 수 있을 것이다. 그리고 프로젝트 게임은 그 네 가지 규칙이 무엇인지를 발견하기 위한 전초전이다.

프로젝트 게임하기

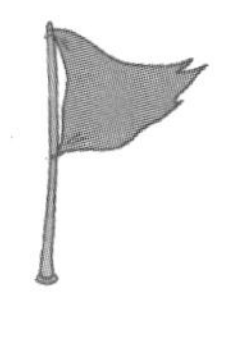 초스피드 세계에서 사람들은 커피만 제외한 모든 것이 인스턴트이기를 원한다. 그래서 우리는 즉각 게임에 착수했다.

"이 게임의 목적은," 나는 전체에게 환기시켰다. "성공을 가로막는 그 길목에 혹시 자신이 있지는 않은지를 파악하는 것입니다. 비록 게임은 단 15분간이지만 나는 가능한 한 많은 것을 실제 상황과 똑같이 설정하려고 노력했습니다."

"예를 들어, 실제로 프로젝트의 공동 작업자들은 광범위하게 퍼져 있습니다. 이제 여러분이 상당히 거리가 떨어져 있는 가운데 업무를 조정해야 하는 상황을 설정할 것입니다. 여러분은 이메일 외에는 언어적으로 소통하는 것이 불가능하다고 칩시다. 그리고 이메일은 접착식 메모지로 대신하기로 하겠습니다."

누가 누구와 의사 소통하는지 설명하기 위해서 팀원들에게 다음 페이지의 좌석 배치도를 보여주었다.

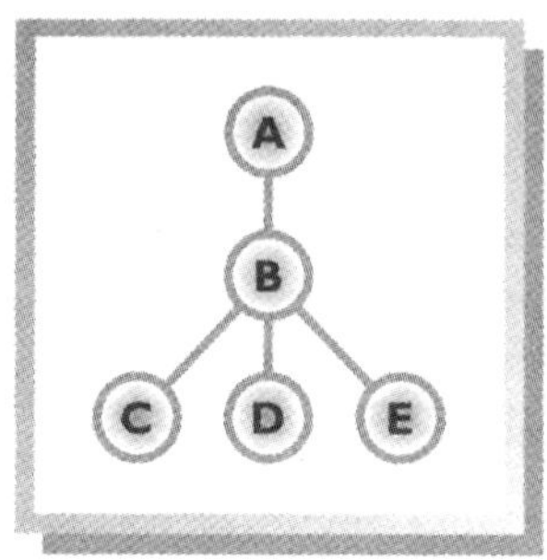

알은 눈을 희번덕거렸다. 그는 지금까지 실험의 진행 속도에 그다지 만족해하지 않았다.

"다시 한 번 말하지만, 최대한 실제 업무상황과 똑같게 하세요." 나는 계속했다. "5분마다 제가 여러분의 일에 끼여들어 상황 점검을 할 것입니다."

알을 포함하여 모든 사람들이 비참한 듯 쿡쿡 웃었다.

그런 다음 자신의 이름의 첫 글자에 해당하는 의자에 각자 앉으라고 했다. 즉 알은 A, 브렌다는 B, 크리스티는 C 에 앉는 식이다. 그들이 자리에 앉았을 때, 각자에게 지시서를 나누어 주고 첫 번째 5분을 시작하였다.

그들이 막 게임을 시작했을 때, 갑자기 방안은 거대한 침묵에 휩싸였다.

마치 NFL(미국 풋볼 리그)에서 뛰는 선수만큼이나 건장해 보이는 사람이 들어왔다. 그는 분명히 잠시 동안 이곳을 살펴볼 태세였다. 나는 그에게 다가가 인사했다. 그것이 내가 크리스티의 상사인 톰 코스텔로를 만나게 된 계기였다. 그는 수업을 참관하기 위해 잠시 들른 것이었다. 나는 재빨리 그에게 게임의 기본적인 규칙을 설명하고 실습과정에서 제기된 도전을 전달하려 애썼다.

"당신이 알아야 할 첫 번째 사항은" 내가 그에게 말했다. "팀원들은 그들이 받은 지시서가 모두 같다는 가정을 하고 있지만, 사실은 그렇지 않습니다. 모든 사람들은 서로 다른 다섯 가지 도형(원, 화살표, 사각형 등등)이 그려진 그림 세트를 받았습니다. 오직 A 자리에 앉은 알만이, 이 프로젝트의 목표가 '다섯 명의 팀원들이 공통으로 가지고 있는 같은 그림을 찾는 것' 이라는 사실을 알고 있습니다. 다른 지시서에는 간단하게 '이것이 당신의 도형입니다' 라고만 적혀 있죠. 그 결과 브렌다와 크리스티, 데이브, 엘렌은 아마도 15분 간 바쁘게 쪽지를 주고받을 테지만 궁극적으로 무엇을 완수해야 하는지 모르는 채 정보를 교환하고 있을 겁니다."

"이 실험이 그들의 실제 업무와 유사하다는 것을 누군가가 발견한다고 해도 나는 놀라지 않을 겁니다." 톰이 말했다. "크리스티의 팀원 중에는 늘 있기 마련인, 시간 압박을 핑계로 계획을 세우려고 하지도 않는 사람들이 있지요. 나중에, 자신이 선택한 결과가 그들의 뒤통수를 치면 그때는 마치 자신이 속은 것처럼 행동하면서 누가 속였는지에 대한 수많은 다른 주장을 내놓습니다."

"그들만 그런 것은 아닙니다." 나는 그에게 말했다. "누구에게나 자신의 행동에서 의도하지 않았던 결과를 보기란 어려운 일입니다. 눈에 쉽게 띄는 결과를 얻는 것이 바로 이 실험이 의도하는 바입니다."

"그걸 어떻게 알지요?" 톰은 궁금해 했다.

"글쎄요, 거기엔 짧은 해답과 긴 해답이 있습니다."

"짧은 것부터 들어볼까요?"

"우리는 빨리 움직이는 속도에 거의 자동적으로 반응합니다." 그에게 말했다. "하지만 자동화된 행동들은 낭비적인 결과를 낳을 수밖에 없습니다. 이 게임은 그러한 결과를 미리 파악하여 더 나은 선택을 할 수 있도록 하는 것입니다."

"흥미롭군요." 그는 다소 무관심한 목소리로 말했다. "길게 설명하면 어떻게 됩니까?"

"만약 시간이 된다면 그 결과를 직접 보는 것이 가장 강력한 대답이겠죠. 제 말이 뜬구름 잡는 것처럼 들린다면 용서해 주십시오. 하지만 당신은 다른 게임 참가자들보다 이 실험의 규칙과 목표에 대해 더 많은 정보를 갖고 있다는 사실을 명심해야 합니다. 당신이 그들의 경험을 이해하려고 해도 어쩌면 더 혼란스럽게 느낄 수도 있습니다." 나는 그에게 경고했다. "당신이 이 실험의 목표를 알고 있다고 해도 사람들이 정확히 무엇을 완수하려고 하는지는 명확하지 않을 수 있습니다. 아마도 누가 무엇을 하게 될지 궁금할 것입니다. 이것은 바로 크리스티 팀이 게임을 하는 동안 스스로에게 질문하는 내용이기도 합니다. 이러한 목표의 혼란이 프로젝트를 망치는 근본 원인이 됩니다."

"됐습니다. 일이 어떻게 진행되는지 기다려 봅시다." 톰이 말했다.

게임이 끝날 무렵 나는 몇 분 동안 그들이 서로 이야기하면서 지시서를 비교할 수 있는 시간을 주었다. "다른 사람의 지시서를 보세요. 일이 어떻게 돌아갔는지, 거기에 방해가 된 것은 무엇이었는지 알아보세요."

유일하게 알만 이 실습의 목적을 알았다는 점이 밝혀지자 사람들의 목소리는 매우 커졌다. 팀원들은 왜 알이 다른 사람

혼란

목표의 혼란은

프로젝트를 망치는

근본원인이 된다.

들에게 그것을 말해주지 않았는지 의아해 했다. 그러나 그는 오히려 다른 사람들에게 왜 그토록 간단한 자신의 명령에 따르지 않았느냐고 반격했다. 상호간의 비난이 잠잠해졌을 때 나는 그들의 대화에 끼어 들어 다음과 같은 점을 지적했다.

"나는 십 년 이상 다양한 유형의 조직을 대상으로 이 게임을 실시해 왔습니다. 나는 이 게임을 할 때마다 누구나 범하는 실수 외에는 여러분이 잘못한 것이 없다는 것을 말씀 드리고 싶습니다. 이것은 개인적인 혹은 조직적인 실패가 아닙니다. 단지 누구나 갖고 있는 맹점이 드러났을 뿐입니다."

나는 그들에게 게임에서 일어난 일과 실제 프로젝트 경험 사이에 어떤 유사성을 발견할 수 있었는지 물어보았다.

잘못된 방향으로 돌진하다

"나는 팀원들을 재촉했지만, 결국 잘못된 방향으로 이끌었어요." 팀의 담당 이사인 크리스티는 거의 움츠리면서 말했다.

"현실에서도 그랬었나요?" 나는 그녀에게 물었다.

"말도 안돼요. 그런 일 없습니다!" 그녀는 완강히 부정했다.

그 말이 끝나자마자 나머지 팀원들의 항의 섞인 비명과 탄성이 이어졌다.

"음, '거의' 없었다는 얘기예요." 그녀가 얼른 고쳐 말했다.

그러나 팀원들은 인정하지 않았다.

"어떻게 되었는지 말해 보세요."

맨 처음 그녀는 지시서에 적힌 조그만 정보에서 혼란스러움을 느꼈다고 설명했다. 결국 그녀는 목표에 대한 방향을 잃어버렸고 혼란은 곧장 초조함으로 바뀐 것이다.

"당신은 이것을 지시라고 했지요." 크리스티는 다시금 초조한 기색으로 말했다. "자, 들어보세요. '당신은 오직 B와 쪽지를 교환할 수 있습니다.' '아래에 다섯 가지 도형이 있습니다.' '그것을 다른 사람에게 보여주면 안 됩니다.' 여기엔 아무런 목표가 없어요."

크리스티는 프로젝트 매니저인 브렌다에게 물어보려고 즉

시 쪽지를 건네었다. "이 프로젝트의 목표는 무엇인가요?"

브렌다는 바로 짧은 대답을 보냈다. "모르겠어요."

"그러니 내가 무엇을 할 수 있었겠습니까?" 크리스티는 화를 내며 말했다. "나는 목표도 몰랐고, 대화가 가능한 사람은 나만큼이나 정보가 부족했습니다. 그러는 동안 귀중한 시간은 흘러갔고, 아무도 어떤 행동을 취하려고 하지 않았어요."

"반갑군요, 동지!" 알이 말했다.

"크게 낙심한 것 같군요." 나는 크리스티를 가리키며 말했다.

"우리는 시간을 낭비하고 있었고, 나는 전혀 상황을 컨트롤 할 수가 없었어요. 나는 그런 느낌이 정말 싫었습니다."

"그래서 당신은 무엇을 했습니까?"

그녀는 자신이 컨트롤할 수 있는 방식으로 게임을 재정의해 버렸다. 당연히 그녀의 불편한 감정도 사라지게 되었다.

크리스티는 스스로 결론을 내려버렸다. 이 실험은 일부러 목표를 제시하지 않았으며, 따라서 누가 얼마나 빨리 스스로 목표를 만들어내고 팀 전체를 이끌어갈 수 있는지를 테스트하는 것이라 생각했다. 실제 업무에서도 목표를 설정하고 그것을 완수하도록 팀원들을 강력하게 이끌어가는 것이 크리스티의 주요 업무였기 때문에 그녀는 이제 결정적인 조치를 취했다. 그녀는 즉시 브렌다에게 다음의 쪽지를 건넸다.

'프로젝트 목표: 사각형을 둘러싼 원을 그려라.'

일단 목표가 잡히자 프로젝트 매니저인 브렌다는 이 정보를 다른 팀원들에게 보내주면서 작업에 착수했다.

"알, 브렌다에게 그런 메시지를 받았을 때 어떻게 했나요? 당신의 지시서에 적힌 내용과 다른 목표를 받아서 혼란스러웠을 텐데요." 라고 내가 말했다.

"아까 당신은 이 게임이 현실 세계와 어떤 유사성이 있느냐고 물으셨는데, 이건 정말 실제 프로젝트에서도 일어나는 현상입니다." 알이 대답했다. "어떤 일에 대하여 지시를 받고 그 일에 착수하기도 전에 또 우선순위가 바뀌어, 다른 명령을 받습니다. 내가 받은 지시서에는 분명히 이렇게 적혀 있었습니다. '팀원 다섯 명 모두에게 공통적으로 들어있는 도형이 무엇인지 파악하라.' 그런데 바로 그때 '사각형 주위에 원을 그리는 것이 목표' 라는 쪽지를 받았습니다. '이건 또 뭐지? 이 실험에 경쟁적인 목표가 있나? 이것은 변화하는 우선순위에 얼마나 재빨리 적응하는가를 보기 위한 테스트인가? 그걸 도대체 어떻게 알 수 있단 말인가? 이렇게 고민하는 동안 시간을 다 써버렸습니다. 목표가 사각형 주위에 원을 그리는 것이라면 그렇게 해야겠죠. 저는 그냥 팀 플레이어가 되려고 노력했습니다."

"이 문제를 추적해 봅시다." 내가 제안했다. "여러분들은 혼란스러운 지시서로 인하여 이 실습의 목적에 대해 각자 멋대로 결론을 내렸습니다. 그러자 다음엔 알이 혼란에 빠졌습니다. 목표의 혼란과 잘못된 커뮤니케이션은 게임 전반에 걸쳐 연속적인 잘못된 반응을 낳았습니다. 실제 프로젝트에서 그렇듯이 말입니다. 우리는 결코 그럴 의도는 없었습니다. 하지만 무엇인가가 우리를 이런 비생산적인 행동으로 몰아갔습니다. 크리스티, 당신이 자기 마음대로 목표를 설정하게끔 한 것은 뭐였죠?'

"나는 참을성이 부족했죠. 누구에게 물어보지도 않고 상황을 어떻게 진행시켜야 할지에 대한 나만의 생각들로 가득 찼습니다. 프로젝트 완수에 필요한 핵심적인 정보를 다른 사람들이 가지고 있었기 때문에 내가 큰 실수를 한 것이죠."

"이런 상황에서는 팀을 조정하는 것이 오히려 더 소모적이라는 것이죠." 내가 언급했다. "팀원들의 참여를 균형 있게 조정하는 데 실패하면 많은 프로젝트가 난관에 부딪힙니다. 하지만 지금까지 팀원들의 참여를 이끌어내는 방법은 강압적인 방식으로 이루어져 왔습니다. 이러한 방법은 사람들에게 비교적 단순 반복적인 업무를 완수하도록 하는 동안은 문제가 발생하지 않을 수 있습니다. 그런 업무는 순종만 하면 되니까요. 하지만 지금과 같은 초스피드 세계는 창조적인 지성과 유연성을 요구하는데, 그것은 자발적 헌신에서 나옵니다. 즉, 순종을 강요할 수는 있지만 약속은 단지 요청할 수 있을 뿐입니다.”

“지금이 내가 개입할 적절한 순간인 것 같군요.” 톰이 말했다. “아니면, 내가 게임을 방해하는 꼴이 되겠지만.”

“전혀 그렇지 않습니다.” 나는 그에게 말했다.

“먼저 여러분 모두에게 원래 계획대로 오늘 아침 이 수업 시작부터 제가 함께 참여하지 못한 것에 대해 사과 드리고 싶습니다. 이제야 막 긴급회의가 끝났습니다.”

“내가 여러분에게 말하고자 했던 것이 바로 그겁니다.” 그는 계속했다. “나는 올해 초부터 이 팀이 없어지느냐 마느냐에 대해 소문들이 떠돌아다니는 것을 알고 있었습니다. 저는 우리가 앞으로 6개월 내에 상황을 호전시켜, 투자한 비용에 비해 더 높은 가치를 만들어내는 독립적인 존재임을 증명해야 한다고 지금 막 통보를 받았습니다. 그렇게 하지 못하면, 우리는 회사를 떠나야 합니다.”

약속

순종은 강요할 수 있지만,

약속은

요청할 수 있을 뿐이다.

"그래서 나는 크리스티, 당신이 헌신적으로 해주길 바랍니다. 이 논의를 들으면서, 나도 아마 크리스티와 똑같은 실수를 저질렀다는 사실을 알게 되었습니다. 나는 어떤 형태에 사물을 억지로 끼워 맞추려고 시도했었습니다. 나는 순전히 의지만으로 상황을 변화시킬 수 있다고 믿었습니다. 당연히 잘 안 되었죠. 나의 힘으로만 우리들이 성공할 수 있기를 원했지만, 그것은 혼자서 할 수 없었습니다. 우리는 선택을 해야 합니다. 함께 협력하여 팀으로서 성공할 것인가? 아니면 변화를 거부하고 개인으로서 실패할 것인가?"

그는 잠시 말을 멈추고, 감동적인 마무리 발언을 찾는 것처럼 전체를 둘러보았다. 나는 침묵으로 충분하다고 생각했다.

"들어주서서 감사합니다. 계속 하세요." 그렇게 하고 그는 떠났다.

이어진 박수 갈채는 정말 평소와 다른 것이었다. 사람들은 확실히 톰의 허심탄회함과 솔직함에 고마워했다. 그들은 상황을 극복하려는 톰의 결정에 찬사를 보내는 것이었는지도 모른다. 하지만 거기에는 앞으로 살 날이 6개월 밖에 남지 않았다고 선언하는 의사에게 기립 박수를 보내는 것과 같은 아이러니가 있었다.

톰이 떠난 후 나는 그들에게 말했다. "우리가 장애물을 효과적으로 제거할수록 혁신적인 성공의 기회는 더욱 많아집니다. 그리고 우리 자신을 문제의 근원으로 더욱 철저하게 설정할수록 우리는 더욱 빠르고 극적으로 상황을 변화시킬 수 있습니다. 그런 점에서 게임과 현실 사이의 또 어떤 유사점이 있는지 말씀해 보시겠습니까?"

목표와 업무의 혼란

"아시다시피, 살아남기 위해 싸워야 하는 상황에서 너무 많은 시간동안 비본질적인 일을 하면서 보냈습니다." 데이브가 말했다. "나는 프로젝트의 목표를 제대로 파악하지 못한 채 업무만을 할당받았기 때문에 무엇을 해야할지 정말 몰랐습니다. 이것은 바로 이 게임에서 일어난 일입니다. 아무도 목표에 대해 말해 주지 않았죠. 우리가 무엇을 완수해야 하는지, 그리고 그것을 왜 해야 하는지 전혀 알지도 못한 채 그냥 전체 프로젝트를 따라 간 것입니다."

"다른 사람들도 그렇습니까?" 전체에게 물었다.

"알을 제외한 전부가 그렇습니다." 브렌다가 대답했다.

"알은 혼자서 목표를 알고 있었지만, 누구에게도 그것을 말해 주지 않았습니다. 평소에 그는 정보를 정확히 전달받지 못하는 것에 가장 불만이 많았기 때문에 지금 이 상황이 얼마나 아이러니컬한지 모릅니다."

알이 즉시 이의를 제기했다. 그는 사실 브렌다에게 목표를 말해주었다고 주장했다. 그는 자신의 정당함을 입증해 줄 메시지를 찾기 위해 게임을 하는 동안 주고받은 메모 더미를 뒤지기 시작했다.

마침내, 알이 메모지 하나를 집어 들었다.

"여기 있습니다!" 알은 종이 한 장을 흔들면서 외쳤다.

"읽어 주시겠습니까?"

"C, D, E의 도형을 모두 모아서 당신의 것과 함께 나에게 건네주세요."

"그것이 목표입니까? 업무입니까?" 크리스티가 알에게 물었다.

알은 자신이 옳았음을 입증할 순간이 무위로 돌아가는 걸 느꼈지만, 그래도 이 쪽지가 프로젝트의 목표에 대해 의사소통하는 것이라고 주장했다.

팀의 최고기술자인 엘렌은 동의하지 않았다. "프로젝트의 목표는 우리가 공통으로 가진 한 도형을 찾는 것이었습니다. 브렌다가 모든 도형을 수집해서 당신에게 건네는 것은 목표를 완수하기 위한 업무일 뿐이죠. 당신의 메시지는 그녀가 할 일에 대해서만 말하고 있지, 그것을 왜 해야 하는지에 대한 언급은 없습니다"

알은 이 상황을 인정할 수밖에 없었다.

상호적인 커뮤니케이션을 유지하라

알은 과제를 성공적으로 완수하기 위해서 다른 사람이 목표를 알 필요는 없었다고 주장했다. 사실, 프로젝트가 진행되는 동안 모든 팀원들 간의 목표에 대한 커뮤니케이션이 충분히 이루어지려면 많은 시간이 소모된다. 만약 모든 팀원이 알이 브렌다에게 보낸 첫번째 명령을 그대로 따르고, 그에게 모든 도형을 건네었다면, 쉽게 성공했을 것이다.

이 점은 열띤 토론을 낳았다. 다른 팀원들은 자신이 무슨 일을 하고 있는지 전혀 몰랐기 때문에 겪었던 혼란과 비효율성에 대해 설명했다. 크리스티 이사는 알에게 자기가 목표를 다시 설정하고 팀원들에게 엉뚱한 일을 하게 하느라 헛되이 써버린 시간을 생각해보라고 했다.

"그게 바로 제 얘깁니다." 알이 다시 열을 올렸다. "우리는 이미 많은 시간을 써버렸습니다. 여러분이 나의 간단한 명령을 따르기만 했어도 충분히 성공할 수 있는 상황인데, 이때 모든 사람들에게 전체 프로젝트의 세부 사항까지 알려주느라 더 많은 시간을 낭비하는 것은 비합리적입니다."

그때 엘렌이 알에게 물었다. "프로젝트의 목표가 무엇이었죠?"

"같은 도형을 찾는 것입니다."

"브렌다에게 보낸 당신의 메시지 밑에 그 한 문장을 덧붙이는 데 얼마나 시간이 걸릴까요? 3초, 4초?"

"그럴 수도 있겠죠. 하지만 그 다음 브렌다는 다른 모든 팀원들에게 똑같이 써서 보내려면 또 시간이 흘러가지 않습니까?"

"좋아요. 그래 봐야 전체 과정에 기껏해야 30초 정도가 늘어날 뿐이에요. 이렇게 계산해 보면 시간이 없었다는 당신의 주장은 근거가 없어요. 제 생각에 이런 일은 전형적으로 실제 프로젝트에서 일어나는 상황입니다. 우리는 사람들이 모르는 것을 안다고 멋대로 가정해요. 그렇게 팀원들을 모르는 상태로 내버려두면 일은 더 더디게 되고 실수가 발생할 수밖에 없어요. 그 때문에 비효율성이 증가되어 시간을 잡아먹지요. 그러면 또 의사소통할 시간이 없다는 핑계를 대게 됩니다."

"아마 알과 크리스티는 다른 팀원에게 의견을 구하거나 피드백을 살펴보지도 않고 그들 스스로 문제를 해결하는 데에만 집중했던 것 같아요." 브렌다가 말했다. "프로젝트가 성공하려면 서로가 안정감을 가질 수 있도록 쌍방향 커뮤니케이션이 이루어져야 합니다."

알은 장난스럽게 두 손을 들며 항복을 표시했다. "알았어요. 브렌다. 당신이 옳고, 내가 틀렸습니다. 당신은 좋은 사람이고, 내가 나빴어요. 이렇게 분명하게 정리하니 기쁘네요."

"그러지 마세요, 알. 이것은 누가 옳고 누가 그르냐의 문제가 아니잖아요?" 브렌다가 약간 화난 듯이 말했다. "아까 톰 이사님 말을 못 들었나요? 더 이상 그냥 앉아서 이 배에서 어느 쪽에 구멍이 났는지에 대해 싸우지 말자구요. 지금 당장 수리하지 않으면 배는 가라앉고 말 거예요."

"브렌다, 당신 말이 맞아요. 그게 옳은 관점이겠죠. 나를 절망시켰던 고위경영진의 작태를 내가 그대로 따라했다는 것에 정말 화가 치미는군요." 알은 이제야 인정했다. "나는 단지 모든 사람들이 나와 똑같은 정보를 가지고 있다고 생각했었죠. 그렇지 않다는 걸 나중에 깨달았지만, 그땐 이미 시간이 별로 없다고 느꼈기 때문에 팀원들에게 목표를 알려줄 수가 없었습니다."

"알, 당신은 지금 우리가 항상 빠지는 딜레마를 얘기한 셈이네요." 팀의 최고 기술자인 엘렌이 말했다. "우린 15분 동안 열성적으로 쪽지를 주고받았지만 같은 그림을 못 찾았어요. 하지만 게임이 끝난 후 둥글게 둘러 앉아 자유롭게 정보를 교환하자 몇 초 만에 같은 그림을 발견했지요. 만약 실제 업무에서 혼란을 해결하는 데 단지 몇 초만 걸린다면, 나머지 시간을 다 잡아 먹는 것은 무엇일까요?"

모두가 커뮤니케이션 부족과 팀 전체의 노력을 조정하지 못함으로써 시간을 낭비했다는 데 동의했다.

"커뮤니케이션이 부족하면 시간과 자원을 효율적으로 사용할 수 없습니다." 엘렌이 계속했다. "결국은 팀워크 부족과 잘못된 커뮤니케이션 때문에 시간과 자원이 부족하다고 불평한 거 아닌가요? 나는 그렇게 생각해요."

"제 경험상으로도, 전체 그림을 잘 모르면서 일하는 것이 가장 큰 시간낭비의 원인입니다." 알이 말했다. "다른 사람들

커뮤니케이션

성공적인 프로젝트를 위해서는

팀원들이 안정감을 가질 수 있는

상호적인 커뮤니케이션을

유지해야 한다.

의 그런 행동을 가장 비판했었는데 막상 내가 그런 일을 저지르다니 믿을 수가 없어요.”

알의 용기를 북돋워주기 위해, 나는 10년 동안 이 게임을 진행하면서 A 자리에 앉은 사람들은 모두 똑같은 실수를 저지르고 똑같은 설명을 했다고 말했다. 즉, 이 문제는 누구나 저지르는 기본적인 특성을 말해주는 것이라고 말이다.

더 나아가, 나는 커뮤니케이션 실패에 대한 책임은 팀이 다 함께 져야 한다는 사실을 알이 인식하길 바랐다. 핵심 정보를 제공해야 할 어느 한 사람의 실패란, 다른 면에선 보면 그 정보를 미리 요구했어야 하는 사람들의 실패인 셈이다.

왜 사람들은 질문하지 않을까?

팀원들에게 진짜 목표에 대하여 질문한 사람이 있느냐고 물었을 때 오직 크리스티 이사만 손을 들었다.

“브렌다, 왜 당신은 질문하지 않았나요?” 내가 물었다.

그녀는 잠시 생각한 후 대답했다. “나는 날아드는 쪽지에 응답하느라 바빴어요. 시시콜콜한 사항에 빠져서 방향을 잃어버렸어요.”

"데이브, 당신은 왜 그랬나요?"

"모르겠습니다. 나는 브렌다가 너무 바빠 보여서 그녀를 더 힘들게 하고 싶지 않았어요. 또 내가 알아야 할 지시사항이 있다면 고위 경영진이 어련히 말해 줄 것이라고 판단했지요."

나는 데이브가 하는 말을 지난 몇 년 동안 거푸 들어왔다. 대부분의 사람들은 주도적이고 자발성이 높은 팀을 창조하기 위해 상사의 권위 앞에서는 수동적으로 되는 것이 바람직하다고 배워왔다. 이것은 어떻게, 그리고 왜 우리가 주도적으로 참여할 기회를 스스로 버리는가를 보여준다. 이 같은 현상을 좀 더 살펴보기 위해 나는 데이브에게 또 다른 질문을 했다.

"일이 어떻게 돌아가는지를 전혀 모르는 채 뒷전에 앉아 있기가 지루했을 겁니다. 재미있는 쪽지라도 보내든지 해서 기운차게 일하려고 하신 적은 있나요?"

내가 묻자 데이브와 브렌다는 크게 웃기 시작했다.

"네, 사실, 앉아 있는 동안 배가 고팠습니다." 그는 웃은 이유를 설명했다. "그래서 브렌다에게 '오늘 점심은 뭔가요?' 라는 쪽지를 보냈습니다."

"브렌다가 답장을 보냈나요?"

"그게 재미있는 부분이에요." 브렌다가 대답했다. "나는 그의 지시서에 있는 도형을 참고하여 그에게 '별을 드세요' 라는 쪽지를 재빨리 건넸습니다. 그런데 너무 급한 나머지 크리스티에게 메시지를 잘못 전달했습니다."

"어떻게 되었나요?"

"나는 프로젝트 목표를 물어보는 두 번째 쪽지를 보내고 나서 그 대답을 초조하게 기다리고 있었죠." 크리스티가 대답했다. "그런데 별을 먹으라는 쪽지를 받아서, 이 프로젝트가 생각보다 훨씬 복잡하다는 결론을 내렸어요."

크리스티의 무표정한 대답에 팀원들은 웃었지만 그 농담에는 씁쓸한 유머가 배어 있었다. 그들은 모두 현재와 같은 위기 상황에서는 이러한 실패가 프로젝트의 성공을 방해하고 그들을 좌절시킨다는 것을 알고 있었다.

"나는 브렌다에게 업무 부담을 주고 싶지 않아서 목표가 뭔지를 질문하지 않았다고 아까 말했습니다만, '점심은 무엇입니까?' 라고 물었던 것은 그런 면에서 정당한 걸까요? 그건 일을 추가하는 것은 아니니까요. 그렇죠?" 데이브가 말했다.

"당신은 팀의 성공 외에 다른 것에 신경을 많이 쓰고 있는 것처럼 들리는군요. 그런 게 있다면 어떤 건가요?"

"솔직히 인정하기 어렵지만, 사실 프로젝트의 실패 원인이

나한테 있는 것은 아닌지 신경이 쓰였습니다. 내가 아무 것도 모른다면, 책임질 일이 없을 거라고 생각했어요. 그게 내가 뒤떨어지지 않고 멋지고 재미있는 사람, 유용한 사람으로 인정받을 수 있는 방식이었습니다. 나의 유치한 행동으로 팀 전체가 얼마나 많은 비용을 지불할지는 전혀 깨닫지 못했습니다. 그러고 보니 내가 의도하지 않았더라도 또 다른 방식으로 우리의 성공을 훼방 놓았던 것은 아닌지 돌아보게 되네요."

이것은 매일매일 일이 쏟아지는 상황에서 우리도 모르게 저지르는 사소하고 의도하지 않은 행동들이 어떻게 프로젝트를 실패로 이끄는지를 잘 보여준다. 이러한 모든 실패는 크든 작든 하나의 공통분모를 가지고 있는데, 그것을 엘렌은 다음과 같이 요약했다.

"이 게임과 현실 사이의 또 다른 유사점을 찾았습니다." 그녀가 말했다. "지금까지 이야기에서 크리스티, 알, 데이브는 전체 시스템을 희생시키면서 개인적인 성공에 지나치게 집착했어요. 이것은 프로젝트에서 항상 있는 일이죠. 분명한 목표도 모르고, 계획을 세울 시간도 없다면 이러한 실패는 불가피합니다."

"마치 출퇴근길 고속도로 같군요." 데이브가 말했다. "속

시스템

개인적인 성공에

지나치게 집착하는 것은

전체 시스템을

교착 상태에 빠뜨린다.

도 측정기의 불빛은 몇 분 간격으로 고속도로에 올라오는 운전
자의 속도를 늦추게 만들지만, 결국 고속도로 전체는 소통이
원활해집니다. 아마 우리가 프로젝트의 병목현상을 더 잘 조정
했다면 일의 속도를 조절하여 전반적인 성과를 향상시킬 수 있
었을 것입니다."

확실치 않은 추측들

"고속도로 비유가 맘에 드네요." 프로젝트 매니저인 브렌
다가 말했다. "그것은 또 다른 중요한 점을 일깨워 줍니다. 그
러한 시스템에서 모든 사람들은 신호가 어떤 의미인지, 그리고
신호에 어떻게 반응해야 하는지를 분명하게 알아야 합니다.
데이브, 처음에 내가 당신의 도형이 무엇인지 물어봤을 때 말
해주지 않은 이유를 전혀 모르겠어요."

데이브가 대답했다.

"나의 지시서에는 이렇게 적혀 있었어요. '당신은 오직 B
와 쪽지를 교환할 수 있다. 당신에게는 아래의 다섯 가지 도형
이 있다. 어느 누구에게도 그것을 보여주어서는 안 된다.' 나는
그것이 나에게 있는 도형을 당신에게 말해주면 안 된다는 뜻이

라고 해석한 거죠. 그 후 다른 모든 사람들이 정보를 교환하는 것을 보고서는, 내가 도형을 그려 보이면 안 되지만 그 모양을 묘사하여 설명하는 것은 괜찮다고 생각했습니다. 도형에 대한 정보를 글로 쓰는 데는 많은 시간이 걸렸습니다."

"나는 그것이 다른 사람들에게 지시서를 보여줄 수는 없지만 도형을 그리는 것은 괜찮다는 뜻이라고 가정했어요." 크리스티가 덧붙였다. "정말 재미있네요. 간단한 한 문장에 대해서조차 얼마나 해석이 분분한지, 그리고 그것이 전체 프로젝트의 결과를 어떻게 변화시키는지 파악하게 되었어요. 우리가 이메일을 통해 교환하는 정보의 단편들도 비슷한 결과를 낳겠지요. 그런 작은 오해들은 서로에 대한 손가락질과 비난으로 돌아가겠지요. 특히 우리가 지금처럼 일할 때는 말이에요."

팀원들이 느끼는 비난, 좌절, 그리고 지루함은 팀의 성공을 가로막는 더욱더 많은 추측들을 하게 만든다.

예를 들면, 어떤 교육과정에서는 E자리에 앉았던 한 사람이 정보부족과 피드백이 제대로 작동하지 않는 것에 좌절하여 지시서를 던져버리고는 강의실을 뛰쳐나가 돌아오지 않았다. 그는 너무 분노하여 새로운 것을 배울 기회를 스스로 버린 것이다.

“만약 사람들이 현실 상황이 아닌 15분의 게임 동안 그러한 감정을 경험했다면,” 내가 지적했다. “경제적인 성공과 자존심의 문제가 달려 있는 실제 프로젝트 환경에서는 어떻게 될지 상상해 보십시오.”

감정적인 비난은 목표를 잃어버리게 하고 막대한 에너지를 소모하게 만든다. 오직 시간이 생명인 세계에서는 감정적인 반응은 용납되지 않는다. 갠트(Gantt) 차트나 프로젝트 소프트웨어 같은 기술적 도구들은 감정의 문제를 잘 다룰 수 없고, 프로젝트 성공을 가로막는 장애물들을 제거할 수 없다. 그러나 프로젝트 관리란 사람 관리이고, 따라서 반드시 감정 요소를 다루어야만 한다.

“어쨌든 감정적인 비난이나 잘못된 추측들 때문에 팀의 성공에 대한 여러분의 결의가 변질되지는 않았습니까?” 전체에게 물었다.

“나는 자잘한 일들에 파묻혀 있었죠.” 브렌다가 말했다. “실제 작업에서와 똑같이 이 게임에서도 스트레스를 받기 시작했어요. 나는 급하게 시작하느라고 중요한 사항을 놓치고 말았죠. 그 때문에 전체 프로젝트를 파악하기보다는 날아드는 메시지에 응답하기에 바빴어요.”

"나는 지루했어요." 데이브가 말했다. "무엇을, 왜 완수해야 하는지 전혀 모르는 상태에서 이 프로젝트 게임이 무의미하게 느껴졌고, 조금씩 지쳐갔습니다. 그것이 내가 브렌다에게 점심 메뉴에 대한 메시지를 보내기 시작한 이유입니다."

"당신만 그랬던 게 아닙니다." 나는 그에게 말했다. "너무 공격적이어서 이 실습을 하지 않고 버티는 데 시간을 다 썼던 사람도 있었습니다. 그녀는 도형에 대해 질문을 받으면 빈 쪽지로 대답했고, 백분율에 대한 질문에는 '나는 몰라요. 관심도 없구요' 라고 대답했지요."

"그녀는 자신의 행동이 굉장히 옳다고 여겼지요. 이렇게 한심한 게임에는 그렇게 하는 게 가장 적절한 반응이라고 주장하면서요. 나는 그녀에게 만약 실제 상황에서도 한심하게 느껴지거나 모호한 점이 있으면 이런 식으로 반응하느냐고 물었습니다. 그녀는 자랑스럽게 그렇다고 하더군요. 자신이 관심이 없는 일에는 전혀 헌신할 생각이 없다고 말이죠. 그런 그녀의 태도 때문에 팀은 이 게임에서 실패했습니다. 나중에 나는 그녀에게 이 게임이 실제 프로젝트 작업을 비슷하게 반영했는지를 물었습니다. 그녀는 잠시 생각해보더니 아마 그럴 것이라고 인정했습니다.

"관심이 없으면 약속하지 않습니다. 그게 큰 문제죠. 왜냐하면 프로젝트를 성공적으로 만드는 핵심적인 요소는 우리 삶에서도 그렇듯이, 명확하게 약속하고 그것을 지키는 것이기 때문입니다."

모두가 이 프로젝트 게임이 업무에 대해 우리가 인식하지 못하는 사각지대를 보여주었다는 데 동의했다. 그리고 그 사각지대는 판단을 내리는 데 있어서 심각한 잘못을 야기한다. 그들은 이 사각지대를 어떻게 처리해야 할지를 결정하기에 앞서 사각지대가 원인임을 이해해야 한다는 결론을 내렸다.

이 프로젝트 게임은 프로젝트 관리란 정말 사람 관리라는 것을 보여준다. 이것은 다섯 가지로 요약할 수 있다.

1. 목표의 혼란은 프로젝트를 망치는 근본적인 원인이 된다.
2. 순종은 강요할 수 있지만, 약속은 단지 요청할 수 있을 뿐이다.
3. 관심이 없는 사람은 약속하려 하지 않는다. 삶에서 그러하듯이 프로젝트에서도 성공으로 가는 핵심은 명확한 헌신을 약속하고 지키는 것이다.
4. 자신이 하는 일에 더 많은 만족감을 얻기를 원한다면 상

호적인 커뮤니케이션을 유지해야 한다.

5. 개인 업무에 대한 과도한 집착은 전체 시스템을 교착 상태에 빠뜨릴 수 있다.

이 같은 결과는 프로젝트를 망치는 기본적인 사각지대를 보여주고 있다. 프로젝트 혁신을 위한 네 가지 규칙은 이 사각지대 뒤에 숨어 있다. 크리스티와 그 팀이 성공의 네 가지 열쇠를 갖기 위해서는 먼저 이 장애물을 제거해야 한다.

성 공

관심이 없는 사람은

약속하지 않는다.

성공을 이루기 위해서는

헌신을 약속하고 이를 지켜야 한다.

제 3 장
사각지대를
살펴라

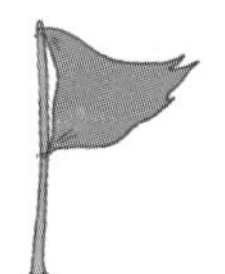당신은 사이드미러와 백미러를 슬쩍 보면서 왼쪽의 차선이 빈 것을 본다. 당신은 깜박이 신호를 켜면서 차선을 변경하려고 한다. 그때 갑자기 뼛속까지 서늘해지는 경적 소리가 들린다. 당신은 급히 오른쪽으로 방향을 튼다. 심장박동소리를 들으면서 당신에게 인상을 쓰는 상대 운전자에게 사과의 제스처를 보낸다. 당신은 차선을 바꾸기 전에 항상 왼쪽 어깨 방향을 살펴봐야 한다고 스스로에게 다짐한다. 왜냐하면 당신은 운전자의 사각지대를 알기 때문에 그 상황에서 뛰어드는 행동은 죽음과 같다는 걸 안다. 또한 당신은 사고를 피하기 위해 올바른 행동을 취해야 할 사람은 바로 자신임을 잘 알고 있다.

그러나 이러한 사각지대에 대해 모른다면 어떤 일이 벌어질까? 당신의 흥분은 분노로 변할 수도 있다. 상대 운전자는 당신을 죽일 수도 있는 상황이었다. 당신이 깜박이 등을 켜기 전에 양쪽 거울을 봤을 때 옆 차선은 분명 비어 있었다. 왜 그는 자기 앞길을 보지 못했단 말인가? 그 바보는 아마 휴대전화를

사용하고 있었을지도 모른다. 이렇게 생각하고 있을 때, 상대방이 당신에게 인상을 쓰면서 지나갔다면 당신은 아마 조금 전과는 아주 다른 제스처를 보냈을 것이다. 당신이 이런 생각을 갖고 있다면 그 상황에서 배울 것은 거의 없다. 따라서 당신은 또 다시 똑같은 상황에 처하게 될 것이 확실하다.

프로젝트 게임을 시작하기 전 크리스티 팀이 빠졌던 곤경이 바로 이런 것이다. 그들의 비생산적인 행동은 인식의 사각지대에 있었기 때문에 그들은 스스로 의식하지 못한 채 계속해서 같은 행동을 반복하였다. 그들이 남을 비난하고 있는 동안 상황은 더욱 악화되어 이젠 그들이 죽느냐 사느냐의 상황에 몰린 것이다.

프로젝트 게임을 통해서 그들은 이 점을 명확히 알게 되었을까? 그들은 이제 무엇 때문에 사각지대가 생기는지, 성공을 방해하는 행동이 무엇인지 알게 되었을까? 다음 단계로 넘어가면서 이런 질문을 했다.

"이 프로젝트 게임에서 사각지대가 생기는 원인은 무엇일까요?"

"커뮤니케이션 부족 때문이었죠." 알이 대답했다.

"우리가 자발적인 헌신을 이끌어내기보다는 통제와 복종

을 강요하는 경향이 있다는 것도 원인이 아닐까요?" 브렌다가 덧붙였다.

"그밖에 또 어떤 게 있을까요?" 나는 모두에게 질문했다.

"나는 프로젝트 기능을 시스템적 관점으로 파악하여 엘렌과 데이브가 지적했던 점이 마음에 듭니다. 지나치게 개인적인 업무에 집착하면 전체 시스템을 수렁에 빠뜨릴 수 있다는 거죠." 크리스티 이사가 말했다.

"이 모든 것이 다 핵심적인 문제들입니다. 흔히 우리는 프로젝트에 대해 생각할 때 처리해야 할 업무와 데드라인에만 초점을 맞추는 데 반해 커뮤니케이션·약속·시스템 등은 별개의 문제로 치부해버립니다. 그것들을 모두 하나로 연결해 주는 것이 있을 텐데, 그게 무엇일까요?"

갑자기 브렌다가 대답이라기보다는 질문처럼 들리는 한마디로 침묵을 깼다.

"관계?"

"어떤 의미에서 그렇죠?" 나는 그녀에게 물었다.

"약속은 기대사항을 명확하게 설정함으로써 우리의 관계를 분명히 정의해 줍니다. 또 효과적인 커뮤니케이션은 약속이 지켜질 것이라고 확신하게 만듦으로써 우리의 관계를 유지시켜 주지요. 그리고 시스템적 관점은 프로젝트 내에서 관계를 조화롭게 만들어 주고 엇갈린 목적으로 일하는 것을 막아줘요.”

나는 브렌다의 의견에 동의했다. “관계를 소홀히 하는 것은 초스피드의 세계에서는 거대한 사각지대라고 할 수 있습니다. 이 프로젝트 게임은 이런 관계가 구체적으로 어떻게 파괴되는지를 잘 보여줍니다.”

프로젝트 게임이 이러한 관계를 어떻게 보여주었는지를 더 잘 이해하기 위하여 우리는 먼저 게임에서의 각 역할을 실제 세계에서는 누가 담당하고 있는지를 확인해 나갔다. 그들은 B가 프로젝트 매니저를 나타내고, C, D, E는 핵심 팀을 구성하는 개별 기여자, 즉 팀원이라는 데 바로 동의했다. 하지만 A를 정의하는 것은 다소 불명확했다. 브렌다는 크리스티라고 했고, 크리스티는 그 역할이 톰이라고 했다. 또 다른 이는 그것이 마케팅 팀일 수도 있다고 제안했다. 아무튼 A의 역할은 프로젝트 매니저에게 프로젝트를 위임하고, 또 소비자 관점에서 프로젝트 목표에 대한 명확한 상을 제시해야 한다는 점에는 모두가 동의했다. 이러한 이유 때문에 A 위치의 사람을 ‘고객과 직접 만나는 담당자’ 라고 부르기로 결정했다. 그가 개별 업무를 잘 수행하는 데에만 집중하여 여러 부문 사람들의 통합을 무시하게 되면, 조직의 계층간 커뮤니케이션은 좌절될 수밖에 없다고 결론지었다.

이러한 관계를 좀더 명확히 설명하기 위하여 나는 그들에게 다음 지도를 보여주었다.

"프로젝트 시스템 지도는 모든 팀원들의 역할을 보여주고, 그들이 어떻게 연결되어 있는지를 볼 수 있고, 서로에게 필요로 하는 약속의 종류가 무엇인지를 생각할 수 있게 합니다. 예를 들면, 고객과 직접 만나는 담당자가 고객에게 해야 하는 약속은 무엇일까요?"

"고객이 원하는 솔루션을 제공하는 일입니다." 엘렌이 대답했다.

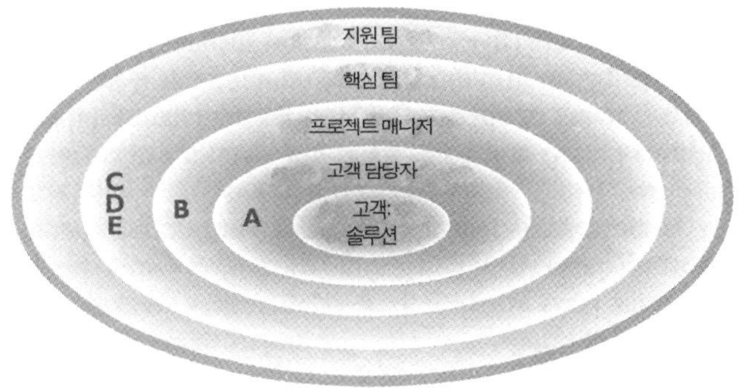

"현실에서는 왜 약속이 깨질까요?" 내가 질문했다.

"문제에 대해 충분하게 또는 올바르게 질문하지 않으면 처음부터 목표가 분명하게 설정되지 못합니다." 담당 이사인 크리스티가 대답했다.

"고객 담당자는 고객과 긴밀한 접촉을 계속 유지하지 못하면 상황에 따라 받아들이기 어려운 솔루션을 만들어내기도 하지요." 엘렌이 덧붙였다.

"프로젝트 매니저와 목표에 대한 커뮤니케이션이 제대로 이루어지지 않는 것도 이유가 되지 않을까요? A에 위치한 사람이 시간을 줄이기 위해 오직 업무에 대해서만 커뮤니케이션 하고자 할 때, 모든 종류의 실수가 발생하기 시작해요." 프로젝트 매니저인 브렌다가 말했다.

나는 브렌다의 얘기에 덧붙여서 말했다.

"이것은 모두가 명심해야 할 중요한 지적입니다. 고객 담당자는 고객뿐만 아니라 프로젝트 매니저와도 중요한 약속을 해야 합니다. 어느 단계에나 마찬가지입니다. A가 고객 관점과 프로젝트 매니저의 관점을 조화롭게 유지시켜야 하는 것처럼, 프로젝트 매니저는 핵심 팀과 고객 담당자 사이에서 똑같은 기능을 수행해야 합니다. 큰 프로젝트에서는 핵심 팀 구성원 각자가 작은 지원팀을 이끌 수도 있는데, 이 상황에서는 각 핵심 팀 구성원이 자신이 이끄는 하부 팀과 프로젝트 매니저 사이에서 원활한 커뮤니케이션을 유지해야 하는 것이죠."

"구체적인 어떤 업무를 완수해야 한다는 스트레스 때문에 우리는 종종 서로 다른 계층 간의 상충되는 요구에 균형을 맞추어야 한다는 걸 잊어버릴 때가 있어요." 브렌다가 말했다.

"때로는 업무를 수행하는 것이 관계를 잘 맺는 것보다 더 쉽게 느껴지기도 하죠." 나는 덧붙였다. "눈에 보이는 성과만이 프로젝트 성공에 중심적인 것으로 인식하고 효율성의 측면에서만 보면, 커뮤니케이션은 과다한 짐처럼 느껴질 것입니다. 업무는 양적으로 명확하게 규정되는 반면, 관계나 커뮤니케이션은 혼란스럽고 심지어 불편하게 느껴질 수도 있습니다. 우리는 측정할 수 있는 것만을 지나치게 강조하고, 그렇지 않은 것은 회피하려는 경향이 있습니다. 이러한 사각지대를 인식할 수 있을 때까지 충돌은 불가피합니다. 관계를 제대로 인식하지 못하는 것은 프로젝트의 사각지대입니다. 여기에 동의합니까?"

그들은 모두 그렇다는 뜻으로 고개를 끄덕였다. 하지만 과연 그들이 자발적으로 헌신하는가, 아니면 단순히 규칙에 순응하는지 알 수 없었다. 팀원들은 이제 상황을 변화시킬 뭔가를

찾았는가? 그것이야말로 진짜 테스트이며, 그것을 발견할 때가

된 것 같다.

관 계

관계를 제대로

인식하지 못하는 것이

프로젝트의 사각지대이다.

빠르게, 제대로 일하기 위한 규칙

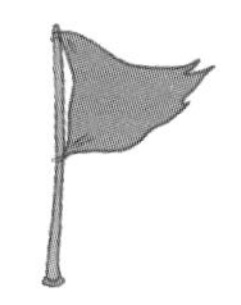"이 게임에서처럼 좌절의 패턴이 주어진 상황에서, 당신들은 프로젝트를 효과적으로 진행시킬 수 있는 어떤 규칙들을 만들어 낼 수 있겠습니까?" 나는 팀원들에게 물었다.

"프로젝트 팀 전체가 목표에 대해 항상 커뮤니케이션해야죠." 알이 의견을 내놓았다.

"그것은 좋은 생각이지만, 나는 그것으로는 충분치 않다고 봐요." 프로젝트 매니저인 브렌다가 덧붙였다.

"이 게임에서 강조했던 것이 알고 있는 것과 실제로 행하는 것 사이의 엄청난 격차입니다. 목표에 대해 항상 의사소통하는 것, 그게 아주 적절한 예가 되겠네요. 좀전에 알, 당신이 지적했듯이 그것은 가장 큰 어려움 중 하나죠. 그리고 당신은 내가 그 문제에 대한 주된 원인이라고 생각하지요? 그렇지만, 당신이 실제로 A 자리에 잠시라도 앉아 있어 본다면, 아는 대로 행동하지 못할 겁니다."

"당신은 중요한 것을 알아냈습니다." 크리스티가 말했다.

"우리 모두는 한 가지 밖에 모른다는 늪에 빠져 있는 셈입니다. 스트레스 속에서 매우 비효율적으로 일하는 것만 중요한 문제가 아닙니다. 우리는 아는 것과 행하는 것 사이에서 중요한 것을 놓치고 있다고 봐요."

"사각지대를 말하는 건가요?" 알이 말했다.

"글쎄, 거기서 일어나는 충돌에 대해서 우리에게 많은 책임이 있다는 건 확실합니다." 크리스티는 대답했다.

자세한 조사에 의하면, 프로젝트 목표에 대한 커뮤니케이션의 실패는 훨씬 광범한 커뮤니케이션 문제의 한 부분일 뿐이다. 그들은 또 어떤 유형의 잘못된 커뮤니케이션 사례가 있는지 리스트를 작성하고, 여기에서 그들을 옭아매었던 근본적인 잘못이 무엇인지를 찾아보기로 결정했다. 그 리스트에는 크리스티가 잘못된 목표를 가지고서 마치 야생 거위를 쫓는 것처럼 팀원들을 내몬 것, 업무와 목표를 혼동했던 알의 사례, 그리고 데이브의 방관적인 자세 등이 포함되었다.

엘렌은 위의 경우 모두가 팀원들에게 확인해 보지도 않고 자기 추측대로 행동하였다고 지적하였다. 예를 들면 크리스티는 아무도 목표가 무엇인지 모르기 때문에 목표를 자신이 만들어야 한다고 추측했던 반면에, 알은 모든 사람들이 목표에 대해 알고 있다고, 혹은 모두가 알아야 할 필요는 없다고 추측했다. 그리고 데이브는 자기가 알아야 할 사항이 있다면 누군가가 당연히 알려줄 것이라고 추측함으로써 스스로를 고립시켰다.

"요점은 '추측하지 말라' 라고 생각합니다." 알이 말했다.

"하지만 추측은 피할 수 없습니다." 데이브가 말했다. "문제는 혼란과 시간 낭비를 가져왔던 그 추측들을 확인하지 못했다는 점에 있죠. 만약 우리가 좀더 적극적으로 프로젝트에 참여하고 일을 좀더 잘 수행했더라면 불명확함의 문제는 상당히 해결할 수 있었을 겁니다. 그건 바로 우리가 앉아서 게임을 할 때 있었던 일입니다."

"그럼 '포섭하라' 는 어때요?" 알이 제안했다.

"포섭은 각 계층 사이의 커뮤니케이션을 유지시켜 줍니다." 엘렌이 말했다.

"그럼 그걸 적읍시다." 브렌다가 말했다.

엘렌은 화이트보드에 적었다.

빠르게, 제대로 일하기 위한 규칙
· 포섭하라

"좋은 출발입니다." 크리스티 이사가 말했다. "하지만 그게 또 다른 걱정을 불러오네요. 알, 당신과 나는 당신에게 제대로 필요한 정보를 알려주지 않는 고위 경영진에 대해 수도 없이 성토했었죠. '포섭하라' 는 당신이 이 과정에 참여하기 전부터 오랫동안 주장해 왔던 원칙 같습니다."

"맞습니다." 알은 마치 누군가가 자신을 밀어내기라도 하는 듯이 대답했다.

"오해하지 마세요." 크리스티는 그의 말이 끝나자마자 말했다. "당신 말에 동의합니다. 나는 단지 과도한 스트레스로 사람들이 얼마나 쉽게 자신이 믿는 것과는 완전히 다른 일을 실제 행하고 있는지 말하는 것입니다. 당신이 A 자리에 앉아 있어도 결국은 나와 똑같은 늪에 빠질 겁니다. 우리는 각자 스스로에게 왜 이토록 명확한 법칙을 그토록 쉽게, 그리고 지속적으로 어기고 있는지 물어볼 필요가 있습니다."

화제는 다시 프로젝트 게임으로 돌아가 그들의 실제 경험을 살펴보면서 그들은 모두 당시에 너무 급하게 서둘렀다는 데에 동의했다. 너무 급하게 행동함으로써 방치되는 사람도 있었고, 그 과정에서 실수가 발생했고, 핵심 정보들을 간과했는데 그것이 결국 모든 일에서 더 많은 시간을 잡아먹는 원인이 되었다.

"'빨리 가기 위해 천천히 하기'라고 하면 어때요?" 브렌다가 말했다.

"그것도 해답의 한 부분이긴 합니다." 크리스티가 동의했다. "하지만 우리가 항상 천천히 일하고 싶은 것은 아니죠. 때로 우리는 빨라질 필요도 있습니다. 우리가 깨달아야 할 것은 스스로 속도를 잘 조절해야 한다는 것입니다. 시작 단계에서 충분한 시간을 쓰면 전반적으로는 시간이 더 여유로워질 겁니다."

"좋은 생각이 났어요." 알이 말했다. "속도를 조절하라."

"그거 맘에 드는 데요." 팀의 최고 기술자인 엘렌이 말했다. "그건 개별적인 업무에 대한 과도한 집착이 왜 전체 시스템에는 손실을 낳을 수밖에 없는지 잘 설명해 줍니다."

"그걸 잘 연결시켜 보세요." 나는 그녀에게 요구했다.

"만약 프로젝트 시스템에서 하나가 너무 빨리 움직여서 그걸 따르는 다른 하나가 쫓아가지 못하면, 그들 사이의 커뮤니케이션은 깨질 수밖에 없습니다. 그것은 전체 시스템에 영향을 미치게 되지요. 한 예로, 브렌다는 급하게 늘어나는 쪽지 더미를 정리하다가 실수로 크리스티에게 '별을 먹어요'라고 쓴 쪽지를 보냈습니다. 브렌다는 빨리 쓰면 자기 책상에서 쪽지를 더 많이 치울 수 있을 것으로 예상했지만 실제로는 그렇지 않았어요. 그녀는 게임이 끝날 때까지 자신의 생산성이 높아진 만큼 팀 전체적으로는 손실이 발생할 줄은 몰랐던 거지요."

"이제 내가 잘못했다는 느낌이 들어요." 브렌다가 말했다.

"'보트의 어느 쪽이 구멍이 났는지는 중요하지 않다' 라고 말한 사람이 당신 아니었나요?" 알이 말했다.

"일깨워 주어서 고마워요." 브렌다가 말했다. "만약 우리가 아는 대로만 행동하는 것을 잊지 않는다면, 아마도 우리 성과는 100퍼센트 향상되었을 거예요."

"그것이 바로 이 프로젝트 게임이 의도하는 바입니다." 나는 그녀에게 말했다. "핵심적인 성공 요인에 초점을 맞춘, 쉽게 기억되는 말들이죠."

우리가 얘기하고 있는 동안 엘렌은 다음과 같이 리스트에 알의 두 번째 말을 추가했다.

빠르게, 제대로 일하기 위한 규칙

· 포섭하라

· 속도를 조절하라

이어지는 질문은 '무엇이 우리를 이렇게 서두르게 만드는가' 라는 것이었다.

크리스티는 '기술 변화에 보조를 맞추기 위해서' 라고 대답했고, 브렌다는 '우선순위 업무가 계속 바뀌기 때문' 이라고 했다. 알은 '실제로 우리가 할 수 있는지를 확인하지 않고 고객에게 달을 따준다고 약속하는 일부 대책 없는 마케터들' 을 지적했다.

"잠깐만요." 나는 중간에 끼어들었다. "지금 말하고 있는 사항이 당신들이 계속 말해온 정당한 불만이라는 점을 이해합니다. 그러나 이러한 태도는 사태를 해결하는 데 있어서 당신의 권리를 최소한으로 축소하는 '나를 뺀 나머지 바보들' 을 비난하는 것밖에 안 된다는 것을 아셔야 합니다. 자신을 몰아치는 것은 프로젝트 게임에서 겪었던 좌절감만을 안겨줄 뿐입니다. 프로젝트 게임에서 외부의 요인은 결코 존재하지 않습니다. 기술 변화, 우선순위 업무의 이동, 대책 없는 마케터 등은 고려하지 말고, 당신을 몰아붙이는 다른 요인을 당신 안에서 찾으세요. 무엇이 있을까요?"

한동안 침묵이 흘렀다. 과거의 전통적인 지혜를 찾는 데는 인내가 필요했다. 우리는 기다렸다.

"난 참을성이 부족해요." 크리스티가 말했다.

"업무가 많아지면 나는 혼란스러워져요." 브렌다도 인정했다.

"좌절감을 느낄 때, 전 가끔 순간적인 결정을 내려버립니다." 알이 말했다. "나는 데드라인에 맞추기 위해 지름길로 가려고 애씁니다. 그러나 오히려 더 많은 시간을 낭비하게 되고, 더욱더 좌절감에 빠져 결국 서두르게 되죠."

"내 경우는, 속쓰림으로 시작됩니다." 데이브가 말했다. "그건 두려움이나 걱정일 거예요. 뭐라고 하든 나는 그것을 떨쳐버리려고 서둘렀습니다. 우리가 몰아침이라고 부르는 것은 때로는 실제로 문제가 발생했을 때는 안전함으로 도망치는 것과 같다고 생각해요."

"나도 비슷해요. 나를 자극하는 유일한 것은 지루함이죠." 엘렌이 말했다.

"미할리 치크센트미하이리라는 남자가 있어요. 그는 시카고 대학의 심리학자로, 비즈니스 · 예술 · 운동 등 각 분야에서 최고의 능력을 가진 사람에 대해 20년 동안 연구해 왔습니다. 그는 그다지 노력하지 않고도 모든 걸 잘 해내는 상태를 '흐름(flow) 타기'로 규정했는데, 그건 대부분의 운동선수들이 '영역

(zone)’ 이라고 규정하는 것이죠.”

“우리는 업무가 너무 쉬우면 금새 지루해집니다. 반면 너무 어려우면 두려움을 느낍니다. 지루함과 두려움의 사이에서 우리는 노력하지 않고도 뛰어날 수 있는 ‘영역’ 으로 접근해 왔습니다.”

크리스티에게 뭔가 섬광이 스친 것처럼 보였다. “그 관점으로 보면 우리는 스스로와 다른 사람을 흥분이 있는 도전 지점까지 밀어넣기를 원하지만, 거기에 이르기 전에 좌절감을 느끼고 손을 털고 나와버린 셈이군요.”

“정확합니다. 그런 흥분은 관심과 약속을 만들어 내기도 하지만, 동시에 그에 대한 좌절과 압박감으로 막을 내리게 되는거죠.”

“그렇다면 세 번째 규칙은 ‘자신의 영역 안에서 일하라’ 라고 정할 수 있겠네요.” 데이브가 말했다. “아까 우리는 ‘관심이 없는 사람은 약속하려 하지 않는다.’ 라고 말했죠. 영역 안에서 일하는 것은 약속의 전제 조건과 같습니다.”

팀원들은 데이브의 제안을 좋아했고 엘렌은 그에 맞추어 화이트보드에 내용을 재조정했다.

빠르게, 제대로 일하기 위한 규칙

· 자신의 영역 안에서 일하라

· 속도를 조절하라

· 포섭하라

논리적인 전개가 빠른 속도로 진행되자 나는 모든 사람들이 같은 단계로 쫓아오고 있는지 확인하기 위하여 엘렌에게 왜 규칙의 순서를 바꾸었는지를 물어보았다.

"음, 우리는 많은 실수가 발생하는 것은 팀원들을 포섭하지 않았기 때문이라는 걸 깨달았습니다. 왜 사람들을 포섭하지 않고 방치해 두었는지를 질문해 볼 때, 우리가 너무 빨리 움직였기 때문이라고 판단했습니다. 이제는 속도를 조절할 필요가 있다고 결정했지요. 결국 우리를 과속으로 몰고간 원인이 뭐냐고 했을 때, 당신은 걱정, 두려움, 또는 지루함의 감정이 사람들을 영역 밖으로 내몰아 그들 스스로 뿐만 아니라 타인들의 에너지까지도 비효율적으로 이용하게 만든다고 지적했죠. 위기의식이 생겨 서두르게 되므로, 순서는 영역, 속도 조절하기, 포섭인 것 같습니다."

"훌륭합니다. 이해가 되네요. 그 세 가지로 모든 기본 요건

이 충족된 건가요?"

"제 생각에는 성공의 정의에 대해서 좀더 얘기해야 할 것 같아요. 지금까지 우리는 성공의 과정만 고려했지, 우리의 목적에 대해서는 아직도 규정짓지 않았습니다." 크리스티가 말했다.

"그것은 매우 자명한 것 같습니다." 알이 말했다. "우리의 목표는 품질과 마감일, 예산 한도를 모두 만족시키는 상품을 제공하는 것입니다."

"생각해 보세요. 당신이 모든 팀원들에게 목표 달성한 것을 축하하는 축하의 메시지를 보냈지만 누구도 목표에 대해 논의한 적이 없었기 때문에 무엇이 좋은지 알지 못하는 상황을요." 데이브가 반대 의견을 내놓았다.

"당연히 그건 실수죠. 우리의 목표는 그 누구도 아닌 고객을 만족시키는 것입니다."

"물론 고객 만족이 핵심적인 기준이긴 하지만, 그것만이 유일한 것은 아니죠." 엘렌이 덧붙였다. "우리는 싼 가격으로 상품을 판매함으로써 고객을 만족시킬 수 있지만, 그것으로는 부족해요. 우리 핵심 팀원들이 계속 좌절한다면 그 결과는 똑같습니다."

"그들은 완전히 탈진해 버립니다." 브렌다가 추가했다. "비축 에너지로 움직이는 것은 응급실 상황이지, 일상이 되어서는 안됩니다. 적어도 내가 원하는 삶의 방식은 아니죠. 최근에 내 생활은 제정신이 아니었습니다. 그건 삶이라 말할 수조차 없어요. 나는 한 가지는 분명히 알아요. 변화해야 한다는 것, 그것도 빨리요."

"동의합니다." 크리스티가 말했다. "프로젝트와 사람들을 동시에 모두 만족시켜야 합니다."

"그건 네 번째 규칙처럼 들리는데요." 엘렌이 말했고, 모두들 반대하지 않았기 때문에 그녀는 리스트에 추가했다.

최종 리스트를 다음 페이지에 보이는 것처럼 작성하였다.

이 규칙들은 팀원들이 한 번의 프로젝트 게임을 통해 자신이 어떻게 스스로의 성공을 제한해 왔는지를 깨닫기 시작했음을 명백하게 보여주고 있다. 그러나 대부분 사람들이 '프로젝트 매니지먼트' 라는 말을 처음 들었을 때 떠올리는 것은 무엇이었을까? 인터뷰하는 동안 그들만의 고민거리에 대해 질문 받았을 때, 크리스티의 팀원들은 '비현실적인 스케줄' '너무 많은 회의' 'MS 프로젝트' '갠트 차트(Gantt charts; 1919년 미국의 갠트가 창안한 것으로 작업계획과 실제의 작업량을 작업일정이나 시

빠르게, 제대로 일하기 위한 규칙

자신의 영역 안에서 일하라

속도를 조절하라

포섭하라

프로젝트와 사람 모두 충족시켜라

간으로 견주어서 평행선으로 표시하여 계획과 통제기능을 동시에 수행할 수 있도록 설계된 도표)’ ‘일을 좌절시키는 구조’, 그리고 ‘핵심 경로(critical path; 최단 공기工期와 최소 경비로 작업을 진행하기 위해 컴퓨터로 작업 일정을 결정하는 방법)’ 등등의 일을 대답했다. 다시 말하자면, 그들의 생각은 외적인 문제와 기술적인 도구에 초점이 맞추어져 있었다. 하지만 이 새로운 규칙을 만들어냄으로써 그들의 관점은 자신에게로 이동했고, 나는 그들이 인식한 사실에 확신을 심어 주고 싶었다.

내가 프로젝트 관리란 실제로 사람 관리의 문제라고 말하면, 사람들은 미소를 지으며 고개를 끄덕인다. 누가 그렇지 않겠는가? 그것은 엄마와 사과파이에 관해 이야기하는 것과 마찬가지이다. 그러나 사람들이 실제 프로젝트와 프로젝트 게임에서 하는 행동을 살펴보면, 팀원 간의 가치관에서 큰 차이를 보인다.

일을 빨리 마무리짓기 위해 자신과 팀원들에게 열심히 일하도록 강요할수록 스케줄은 부담을 가하는 도구가 된다. 이때 동료들은 결국 수단이 되어버린다. 일단 우리가 그들로부터 필요로 하는 것을 얻었다면 우리는 다음으로 넘어갈 수 있다. 이런 맥락에서 사람 관리란 컨트롤을 의미하며, 컨트롤은 결국

권력에 관한 문제다. 나는 지금까지의 프로젝트에서 관계가 갖는 의미를 요약해 보았다.

"여러분이 제안했던 새로운 규칙은 지금까지와는 다른 현실을 규정한다. 이 현실은 강압적인 관계가 아니라 상호적인 관계에 기초한다. 당신이 의자를 안으로 당겨놓고 함께 일할 때 훨씬 빠르고 효율적으로 일했다는 것을 깨닫는 순간, 상호적인 관계가 얼마나 도움이 되는지 명확해질 것이다."

"이 네 가지 규칙은 우리가 상호적인 게임을 하고 있는지 아니면 강압적인 게임을 하고 있는지 테스트할 수 있는 간단한 방법을 제공할 것입니다. 만약 당신이 강압적인 게임으로 거꾸로 빠져들었음을 깨닫는다면, 이 규칙들은 당신이 상호적인 관계로 방향을 전환하는 방법을 알려줄 거예요. 그 전환은 '우리를 뒤로 가게 만드는 장애물 10가지' 모두를 해결할 수 있는 출발점이 될 것입니다."

"매우 포괄적인 내용이네요." 알이 말했다.

"나가서 이 규칙을 실제로 적용시켜 보세요."나는 그에게 말했다.

"정말 그렇게 해 보고 싶어요." 브렌다가 말했다. "하지만 이 게임을 안 한 사람들의 저항은 어떻게 극복해야 할까요?"

"어떤 종류의 저항이 상상되십니까?" 나는 그녀에게 물었다.

"음, 당신이 뭐라고 하든, 집단 안에 있다고 느끼는 사람들은 커뮤니케이션이 시간낭비라고 여깁니다. 윗사람들은 우리가 목표에 대해 아는 것, 혹은 알고 있다고 확신하는 것이 뭐가 중요하냐고 생각하지요."

"아까 당신이 말했던 그 여자, 이 게임이 정말 한심하다고 생각해서 참여를 거부했던 그 여자 같은 사람은 또 어떻구요?" 엘렌이 나에게 물었다. "당신은 게임 자체를 어리석다고 생각하는 사람들에게 어떻게 동기를 부여해서 새로운 규칙에 따른 게임을 하게 만드나요?"

"이제 새로운 규칙을 실행해 볼 준비가 된 것처럼 들리는군요. 바로 이 지점에서 지금 시작합시다. 당신이 직면하게 될 모든 저항을 생각하면 어떤 느낌이 드는지 생각해 봅시다. 당신은 영역 안에 있나요, 바깥에 있나요? 우리는 영역 밖에서 우리를 비판하는 사람은 필요 없습니다. 우리 자신이 갖고 있는 두려움은 그걸 너무 잘 알지요. 단 앞으로 살 날이 6개월 밖에 없기 때문에 우리는 시간이 없습니다. 우리는 무엇이 당신과 팀을 즉각적으로 변화시키는지 알아내야 하고, 그 지점에서부

터 일을 시작해야 합니다. 그것이 바로 영역에서부터 일하기가

의미하는 바입니다."

해 법

강압적인 관계에서

상호적인 관계로 전환하라.

그러면 우리를 뒤로 가게 만드는

장애물을 뛰어넘을 수 있을 것이다.

영역 안에 함께 있다

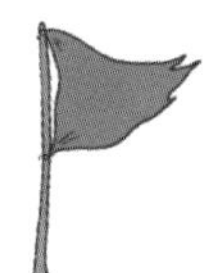

"다른 사람들의 저항에 부딪힐 것이 걱정된다면, 어떻게 그들을 능동적으로 참여시킬 수 있는지 생각해 봅시다." 나는 바닥에다 몇 장의 종이조각을 던지면서 말했다. "예를 들어봅시다. 자원해서 이 종이조각들을 청소하실 분 있습니까?"

아무도 응하지 않았다.

"누가 좀 나서봐요. 알, 당신이 할래요?"

"미안하지만 그건 내가 할 일이 아닌데요."

"엘렌, 당신이 도와 줄래요?"

"얼마나 빨리 해야 하나요?" 그녀는 그것을 궁금해 했다.

"지금 즉시요"

"그건 불가능한데요. 저는 이미 마감일을 넘긴 우선순위 업무가 여섯 개나 있거든요."

"다른 사람 누구 없나요? 데이브, 당신은 어때요?"

"나는 이런 일은 전혀 해본 적이 없어요." 그는 투덜거렸다. "이런 중요한 일은 경험이 많은 사람들에게 맡겨야 한다고 생각합니다. 브렌다는 어떨까요?"

"저런 무례한 행동 앞에 내가 어떻게 해야 하죠? 당신이 지금 한 일은 내가 매일매일 직면하는 것이에요." 프로젝트 매니저인 브렌다가 말했다.

상대방이 하고 싶어하는 일을 파악하라

"한 번 더 실험을 해 볼까요?" 내가 제안했다.

이번에는 주머니에서 한 뭉치의 돈 다발을 꺼내어 바닥에 흩어지도록 공중으로 던졌다.

웃음소리가 들리며, 크리스티는 20달러 지폐를 치우는 것을 기꺼이 돕기 위해 자리에서 일어나 돌진하려 했다.

"보세요. 사람들은 더 이상 변명을 둘러대지 않을 겁니다. 모든 사람들이 달려들어서 도와주지요. 왜 그럴까요?"

"분명한 보상이 있으니까요" 엘렌이 대답했다.

"맞습니다. 일의 가치가 명백할 때에는 어렵게 설득하거나 팔을 비트는 것처럼 강요할 필요가 없습니다. 자동적으로 일이 되니까요."

"그렇지만 우리는 현찰 보너스를 약속할 수 있는 지위에 있지는 않은데요." 알이 말했다.

"저는 더 빠르고 강력한 효과를 보여주기 위해 돈을 써서 시범을 보였습니다. 그러나 아침에 대부분의 사람들이 침대에서 일어나는 이유가 돈 때문은 아닙니다." 나는 대답했다. "사람들은 자신의 관심사항에 따라 움직입니다. 만약 당신이 누군가에게 동기부여를 하려 한다면, 당신은 그가 높이 평가하는 것이 무엇인지를 먼저 이해해야 합니다. 만약 당신이 그가 하고 싶어하는 일과 해야 할 일 사이를 분명한 고리로 잘 연결할 수 있다면 그는 기꺼이 자리를 박차고 나와 도와줄 것입니다."

"사람들에게 업무를 완수하라고 강요하는 대신에 프로젝트가 팀원들에게 어떤 영향을 미치는지 설명하고 열정을 바칠 기회를 주는 시간을 가지는 게 더 나을 수도 있겠군요." 팀의 최고 기술자인 엘렌이 말했다.

"그런 접근 방식이 좋아요." 담당 이사인 크리스티가 말했다. "당신은 이렇게 할 수 있지요. 당신 프로젝트에 참여하는 것이 특정한 기술을 연마하고, 그들이 알고 싶어하는 사람들과 함께 일할 수 있는 기회를 제공하고 또 새로운 기술을 배우는 기회가 될 거라고 짚어주는 것이죠."

"고상한 감상이네요." 엘렌이 말했다. "하지만 내가 원하

는 것은 '우리가 프로젝트에 관련된 어떤 일을 할 수 있는가?
라는 질문입니다. 나는 새로운 기술을 연마하고 몇 달간 새로
운 사람들과 일하고 싶었어요. 하지만, 그렇게 되지 않았어요.
그렇다면 결국 당신은 내가 부서 옮기는 걸 도와주겠다는 뜻이
되나요?' 그녀는 크리스티에게 물었다.

갑작스러운 엘렌의 말에 사방이 너무 조용해져서 저 멀리
어디선가 잔디를 깎고 있는 기계 소리가 들릴 정도였다. 마침
내, 크리스티가 입을 열었다.

"자, 엘렌, 당신이 좌절했던 점은 진심으로 유감스럽게 생
각해요. 당신이 다른 부서로 옮기기를 원하는 것을 알고, 당신
이 잘 적응할 수 있도록 내가 할 수 있는 최선의 노력을 다하고
있어요. 하지만 기회는 그렇게 많지 않았죠. 그리고 그 동안에
도 프로젝트는 진행해야 했습니다. 그리고 프로젝트를 진행하
기 위해선 당신이 필요했어요."

"엘렌, 잠깐 확인해 봅시다. 바로 지금 당신은 안에 있습니
까? 밖에 있습니까?" 나는 엘렌에게 물었다.

"밖에 있는 게 확실해요."

"당신은 덫에 걸린 것 같군요."

"난 모든 노력을 다 해봤었죠." 엘렌은 항변하듯이 말했다.

"곤경에 처하거나 좌절감에 빠지면 우리는 싸우거나 도망가려고 합니다. 싸우든 도망가든 우리는 녹초가 되어버리지요. 우선은 현관문을 열고 뒤로 빠져나갑니다. 여기에 속임수가 있습니다. 당신은 앞으로 몇 달 내에 이 상황이 당신에게 가장 좋은 방식으로 해결될 것이라고 가정해 보세요. 그래도 두렵고 방어적인 느낌을 계속 가지겠습니까?"

"글쎄요, 물론 그렇진 않겠지요. 그러나 나는 더 나은 대접을 받고 싶어요."

"여전히 두려워하고 방어적인 것 같군요. 방어적인 태도는 우리가 느끼는 두려움에만 반응하도록 되어 있습니다. 그래서 비생산적으로 되는 것입니다. 하지만 해결책이 있어요. 긍정적인 성과를 위해 문제점에 대한 모든 두려움과 방어적인 태도에서 기꺼이 벗어나겠습니까?"

"물론 그렇다고 하고 싶지만, 그게 쉽지는 않아요."

"때로 이와 비슷한 도전에 직면한 분 없습니까?" 나는 전체에게 물었다.

모든 사람이 엘렌의 어려움에 연관이 있을 뿐만 아니라 그것이 어떻게 해결되는지에 많은 관심을 보였다.

"우리가 싸움 또는 도망가기에서 영역 안으로 이동하려 노력한다면, 명심해야 할 세 가지가 있습니다." 내가 제안했다. "첫째, 싸움 또는 도망가기는 고립의 감정을 먹고삽니다. 사실 우리는 이 안에 함께 있습니다. 브렌다가 아까 지적했듯이 보트의 어느 쪽에 구멍이 뚫렸는가는 중요하지 않습니다. 물이 샌다면 어느 쪽이든 우리는 모두 가라앉고 맙니다."

"둘째, 싸움 또는 도망가기는 우리가 사느냐 죽느냐의 고투에서 덫에 빠진 것을 의미합니다. 사실은 항상 뚫고 나갈 길은 있습니다. 두려움은 상황에 대한 매우 제한되고 왜곡된 시각을 제공함으로써 우리가 어떤 방법도 찾지 못하게 만듭니다. 그렇기 때문에 우리가 해야 할 세 번째 일은 우리가 진정 어디에 있는지를 파악하는 것입니다."

"당신 이론에 동의합니다만," 엘렌이 말했다. "좀더 현실적으로 말해서 그런 조언이 제 상황에 어떻게 적용될 수 있나요?"

"첫 번째 실험에서 왜 아무도 종이를 치우려 하지 않았죠?" 나는 그녀에게 물었다.

"거기엔 중요한 대가가 없었으니까요."

"맞습니다. 사람들은 보상을 얻는 순간 더 이상 확신이 필요 없습니다. 그렇다면 크리스티가 가장 유능한 직원을 다른 부서로 보내기 위해서는 어떤 보상이 있어야 할까요?"

　"당신의 뜻을 이해하겠습니다." 엘렌이 말했다. "내가 원하는 것을 얻으면, 크리스티는 잃을 수밖에 없습니다. 반대로 크리스티가 자신이 원하는 걸 얻는다면 나는 손해를 보는 거죠. 만약 내가 크리스티에게 문제를 일으키기보다 그녀를 위해 문제점을 해결하려고 했다면 아마도 그녀는 훨씬 더 나를 도울 마음이 생겨났겠죠."

　"이제 당신이 어디에 있는지 파악했군요." 나는 덧붙였다. "당신은 크리스티와 다른 사람들과 함께 하나의 시스템 안에 있습니다. 일단 우리가 다 함께 있다는 사실을 받아들인다면 이전에 우리의 앞길을 가로막았던 것처럼 보였던 그 힘을 이용하여 창조적인 해결책을 모색할 수 있습니다."

　"나는 분명히 이 상황에 책임이 있습니다." 크리스티가 말했다. "먼저 엘렌에게 사과하고 싶어요. 나는 엘렌의 요구에 대해 해줄 수 있는 일은 다 했다고 나 자신에게 말했지만, 사실 엘렌을 잃고 싶지 않았기 때문에 부서 이동 문제를 피해왔다는 걸 이제야 깨달았습니다. 만족하지 못 한다면 어쨌든 보내야겠지요. 나중에 그녀에게 얘기하고 싶은 몇 가지 아이디어가 있어요. 그것도 맞지 않는다면, 새롭게 도전할 수 있고 그만한 보

114

영역 가이드라인

우리는 이 안에 함께 있다.

뚫고 나갈 길은 항상 존재한다.

당신이 진정 어디에 있는지 파악하라.

상을 받을 수 있는 상황을 확실히 만들어 주겠어요. 다른 부서로 보내는 한이 있더라도."

"감사합니다. 그렇게 말씀하시니 정말 기분이 좋아졌어요." 엘렌이 말했다.

"두 사람이 이런 식으로 대화하는 것을 들으니 내 감정도 많이 누그러지네요." 프로젝트 매니저인 브렌다가 말했다. "우리는 한 배를 탄 것이 확실해요. 하지만 나는 내가 중간에 끼여 있다고 느꼈어요. 그래서 당황한 적이 매우 많았지요." 그녀는 손을 뺨에 대며 웃기 시작했다. "오, 이런. 나는 이제야 그것 때문에 얼마나 내가 힘들어했는지 깨달았어요."

빠르게 변화하는 세계에서는 끊임없이 일어나는 충돌을 해결하기 위해 낭비할 시간이 없는 것처럼 보인다. 하지만 우리가 이러한 이슈들을 드러내지 않고 감추고 있을 때, 사람들이 이것을 직접적으로 관여하지 못하도록 할 때, 팀 전체를 오히려 영역 밖으로 내모는 것이다.

상사와 힘 겨루기

"그렇다면 우리는 또 다른 실제적 문제에도 이 접근법을 쓸 수 있겠네요." 크리스티가 말했다.

"무슨 좋은 생각이 있어요?" 내가 물었다.

"엘렌처럼 나도 상사와의 관계에서 문제가 있습니다. 그건 범위가 계속 늘어나는 문제죠."

"범위가 늘어난다면, 시간이나 자원을 더 주지도 않고 프로젝트의 내용이나 요구를 가중시키는 것을 의미합니까?" 나는 크리스티에게 물었다.

"정확히 그대로예요. 타당치 않은 요구에 내가 '예'라고 대답한 후 제대로 해내지 못하면 비난을 받지요. 반면에 할 수 없다고 하면 나는 비협조적인 사람이 되거나, 그와 힘을 겨루는 상황으로 빠져 버립니다. 상사와의 힘 겨루기에서 누가 불리한지는 말할 필요도 없겠지요."

"네, 그리고 그 문제는 곧장 아래로 굴러 온다는 걸 잊지 마세요." 알이 재빨리 끼여들었다. "당신이 약속한 업무는 브렌다에게 넘겨졌고, 결국 불가능한 과중한 업무로 완전히 지쳐버린 건 우리 일벌들이었어요."

엘렌과 데이브도 동의의 뜻으로 고개를 끄덕였다.

"당신이 이런 사태를 힘 겨루기라고 한 데 주목하고 싶군요." 내가 나섰다. "우리가 이기고 지는 것만을 생각하는 순간,

사실 우리는 모두가 지고 있는 것입니다. 크리스티 이사와 톰 모두가 지는 것 아닙니까?" 나는 크리스티에게 물었다.

"우리는 더 잘 할 수 있거나, 역사가 이루어졌을 것입니다."

"그렇다면 당신이 진정 어디에 있는지 얘기해 봅시다. 당신 스스로 힘 겨루기라고 생각했던 순간부터요."

"범위 확장으로 인해 어려움이 발생하는 경우는, 톰 역시 다른 사람들로부터 압박을 받고 있는 거지요. 때로는 그가 자기 문제를 무조건 나에게 떠넘기는 게 아닌가 생각합니다."

"떠넘기기는 비겁한 행동이지요. 그가 자신의 일을 대신 해주기를 바랐을 때 당신의 기분은 어땠나요?"

"그가 스스로 문제를 해결하는 데 더 적극적인 역할을 했으면 좋겠어요."

"그렇다면 엘렌과 크리스티의 갈등에서 뽑아낼 수 있는 공통의 테마는 무엇일까요?" 나는 전체를 향해 질문했다.

"둘 다 부당한 대접을 받고 있다고 느끼는 것입니다." 데이브가 말했다.

"일반적으로 영역 밖에서 우리를 지치게 하는 건 우리의 남편, 또는 아내, 부모, 절친한 친구, 직장 상사 등이 얼마나 불공평하게 대접하느냐 일지도 모릅니다. 그러나 이제 우리는 항상 해결 방법이 존재한다는 것을 알고 있습니다. 어떻게 하면 될까요?"

"공평해지면 됩니다." 알이 대답했다.

"맞습니다. 또는 나가버릴 수도 있지요. 그것이 싸움 또는 도망가기가 우리에게 제공하는 선택입니다. 그래서 우리는 어디에 있게 될까요?" 내가 물었다.

"화나고 절망스러우며 '나를 뺀 나머지 바보들' 의 뜻대로 되는 곳이겠죠." 엘렌이 말했다.

"톰 이사님과의 힘 겨루기 상황을 어떻게 하면 상호보완적인 관계로 전환할 수 있는지, 크리스티를 도울 방법이 없을까요?"

브렌다가 의견을 내놓았다. "프로젝트 게임에서 보면, 불가능하게 보이는 일일지라도 생각한 것보다는 행하기 쉽다는 것이 입증되었습니다. 아마 톰이 요구하는 것도 우리가 생각했던 것보다는 좀더 쉬울 수 있어요. 즉각적으로 반응하기보다는 정확히 판단할 수 있는 기회가 올 때까지 결정을 유보하는 것이 가능하겠죠."

"좋습니다. 미숙한 대응을 피하자는 것이군요. 또 다른 의견 있습니까?"

"원래의 프로젝트 계획에 추가적인 업무를 더하여, 그 영향이 어느 정도인지 살펴볼 수도 있습니다." 알이 대답했다.

"좋아요, 그 다음은?"

"그 결과를 놓고 전체 팀원들과 다음 회의에서 논의하여 그 변화에 적합한 방향으로 계획을 수정하는 방법을 찾을 수 있을 겁니다." 그는 계속했다.

"만약 그런 방법이 없다면?"

"크리스티가 톰에게 업무를 반납하는 방법도 있으니, 모두 세 가지 선택지가 있는 셈이죠." 엘렌이 말했다.

"모두 고맙습니다." 크리스티가 말했다. "모두 좋은 제안 이었어요. 시간을 가지고 이 순서대로 충실히 이행한다면 톰 이사도 매우 호의적이 될 것입니다. 정확한 정보와 긍정적인 태도로 업무에 착수한다면 모두가 덜 지치고 덜 힘들 것이며, 고객들에게도 더 좋은 상품을 공급할 수 있는 방법을 찾을 수 있을 것입니다. 하지만 불행하게도, 너무 바빠서 아는 것도 제 대로 행하지 않는다는 사실입니다."

"그렇기 때문에 적절한 속도 조절이 중요한 것입니다. 우 리는 영역 안에 모두 함께 존재합니다. 그러나 내가 너무 빨리 움직이면 당신은 이것이 올바른 방향인지 느낄 수가 없습니 다. 항상 뚫고 나갈 길은 있습니다. 그러나 만약 누군가가 급히 서둘러서 전체 흐름에 거스르는 방향으로 에너지를 소진한다면 그것은 매우 길고 고통스러운 여행이 될 것입니다. 만약 우리가 자신의 진정한 위치를 인식할 수 있다면 좀더 속도를 늦출 수 있는 적절한 순간을 찾을 수 있습니다.”

“어떻게 그런 순간을 찾을 수 있지요?” 알이 물었다.

알의 질문은 내가 속도를 늦추고 우리가 찾아낸 핵심 아이디어를 정리해야 한다는 점을 일깨워 주었다.

1. “우리는 안에 모두 함께 존재한다.” “뚫고 나갈 길은 항상 있다.” 그리고 “자신의 진정한 위치를 인식하라.”

2. 당신이 사람들에게 동기부여하기를 원한다면 당신의 요구와 그들의 가치 사이에 핵심적인 연결 고리를 만들어라. 그러면 그들은 기꺼이 자리를 박차고 일어나 당신을 도울 것이다.

3. 너무나 빠른 속도는 우리가 다양한 갈등들을 해결하기 위한 여유가 없다고 확신하게 만들어버린다. 우리가 거북한 일을 감추고 있을 때, 사람들을 직접적으로 관여시키지 않을 때 팀 전체가 영역 밖으로 나가게 된다.

4. 방어적인 태도는 다양한 가능성을 충분히 고려하기보다

는 자신만의 두려움에 갇히게 만든다. 그것이 바로 당신이 비생산적이 되는 이유이다.

5. 정확한 정보와 긍정적인 태도가 있다면 모두가 덜 지치고 덜 힘들게 일할 수 있으며, 고객들에게 더 좋은 상품을 공급할 수 있다.

'영역 안에서' 일하기는 우리가 느끼는 감정에 주의를 기울일 것을 요구한다. 어떤 사람들은 일에서 감정을 가지거나 표출하는 것은 그 자체가 비전문가적이라는 그릇된 인식 하에서 업무를 수행한다. 하지만 감정은 생물학적인 실수가 아니다. 그것은 팀원들이 함께 일하고 성공하기 위한 핵심적인 힘이다. 우리가 어떻게 느끼는가는 우리의 생각과 행동에 영향을 미치기 때문이다. 바꾸어 말하자면 행동은 감정에 영향을 받는다. 예를 들면, 업무가 너무 과부하 되었을 때 우리는 스트레스와 불안을 느끼고, 그것이 결국 업무수행 능력과 효율성을 떨어뜨리게 된다. 여기에서 우리는 효과적인 속도 조절이 왜 그토록 중요한지 알 수 있다. 영역에서 일하기와 속도 조절은 서로 연관된 핵심 문제이다. 그렇기 때문에 다음 논의에서는 여기에 초점을 맞출 것이다.

속도를 조절하라

돈을 벌려면 돈을 써야 하는 것과 마찬가지로, 시간을 벌기 위해서는 시간을 써야 한다. 또한 달리기 전에 걷는 법을 배워야 한다는 것은 상식이다. 하지만 너무 빠른 속도에서는 끊임없이 이러한 상식을 무시해버린다. 따라서 우리는 속도를 늦추어야 할 때 가속하고, 움직이기만 하면 능률이 오른다고 착각한다. 하지만 잘못된 일을 더욱 빨리 해치우는 것은 실패율만 높일 뿐이다.

다음의 일화는 이런 비생산적인 행위가 얼마나 비능률적인지 잘 보여준다.

어느 날 한 철학 교수가 늙은 선승을 찾아갔다. 그는 신비스럽고 모호하게만 느껴지는 선의 근원을 파헤쳐 보기로 결심하고는 절을 방문하였다. 선승은 교수에게 깨달음은 기꺼이 나누어줄 마음이 있지만 먼저 차를 함께 마시자고 제안했다. 교수는 짜증스러운 태도로 자신은 너무 바빠서 그럴 여유가 없다고 우겼다. 그러나 선승은 단호하게 차를 마시지 않고서는 선을 알 수 없다고 하였다.

어쩔 수 없이 교수는 차를 마시기로 했다. 선승은 흡족한 듯 보였다. 그는 느릿느릿 종이꾸러미를 풀어 찻잎들을 막자사발 속으로 쏟아 부었다. 사발에서 찻잎을 갈아 대나무 체에 올려놓고, 화로에 불을 지펴 물을 끓였다. 물이 끓기를 기다리면서, 선승은 꽃을 다듬기 시작했다. 참을성이 없는 교수는 시계만 줄곧 쳐다보았다.

마침내 차가 준비되었고, 선승은 교수에게 찻잔을 건네고 차를 따라 주기 시작했다. 그는 천천히 찻잔을 채웠다. 1/2, 3/4, 결국 찻잔에 넘쳐 바닥으로 흐를 때까지 계속 부었다.

“이게 무슨 짓입니까?” 교수는 흘러 넘치는 찻잔을 멀리 밀어내며 외쳤다. “잔이 가득 차서 더 이상 부을 수 없는 게 보이지 않습니까?”

“이것이 선의 첫 번째 가르침입니다.” 선승은 말했다. “이미 꽉 찬 잔에는 아무것도 더 들어갈 수 없습니다. 당신은 여기에 선을 배우러 왔다고 하지만, 이미 당신 안에는 자신의 견해로만 꽉 차 있습니다. 새로운 것을 배우려면 먼저 잔을 비워야 합니다.”

넘치는 데이터, 데드라인, 끝도 없는 요구 등으로 우리의 잔은 너무 꽉 차 있다. 이런 상태는 마치 우리가 지속적인 배움과 혁신 속에 있다는 착각을 불러일으킨다. 그러나 과거의 낡은 행동 패턴으로 계속 행동한다면 외부 세계의 변화에는 따라갈 수가 없다. 우리는 점점 현실과 동떨어지게 될 것이다.

이것이 크리스티와 그 팀이 겪고 있는 문제이다. 그들은 스스로를 적절하게 조절하고, 새로운 가능성을 찾고, 더 밝은 미래를 창조하는 것이 불가능할 정도로 잔이 가득 차버렸다. 잠시만이라도 속도를 늦추는 것이 가능할까? 이것이 이번 논의에서 시작할 질문이다.

"크리스티, 우리가 처음 대화했을 때, 당신은 너무 가속화되는 속도 때문에 죽을 지경이라고 말했어요. 무엇이 당신을 그렇게 빨리 달리게 만들죠?"

"그건 직원을 새로 채용하는 것보다 회사가 더 빨리 성장하거나 또는 업무 부담이 줄어드는 것보다 더 빨리 회사 규모가 축소되는 거지요."

"시장의 경쟁상황이나 급격한 변화로 프로젝트의 양이나 속도가 너무나 자주 바뀌기 때문이죠." 엘렌이 덧붙였다.

"또 다른 요인은 우리가 실제로 수행할 수 있는 능력을 고려하지 않고 고객에게 공약을 남발하는 마케팅입니다." 데이브가 말했다.

“그렇다면 누가 당신들의 일정을 계획합니까?” 전체에게 질문했다.

“나를 제외한 바보들입니다.” 알이 대답했다.

“프로젝트 게임에서 브렌다가 쏟아지는 메시지에 응하려 했을 때 무슨 일이 일어났는지 기억해 보세요. 그녀는 어떻게 행동했습니까?”

브렌다가 재빨리 대답했다. “나는 너무 빨리 작업하려다가 오히려 정보를 잘못 판단했고, 엉뚱한 사람에게 메모를 넘겼고, 핵심적인 커뮤니케이션을 간과했었죠.”

“다른 사람들이 계속 잔을 채우는 한 당신은 결코 빈 잔을 가질 수 없어요.”

“하지만 전 다른 사람에게 ‘아니오’ 라고 거절하기가 참 힘들어요.”

“왜요?”

“아마 다른 사람들을 실망시키고 싶지 않기 때문인 것 같아요.”

“하지만 당신이 감당할 수 없는 약속을 한다고 해도 당신이 할 수 있는 일은 한정되어 있어요.”

그녀는 그건 맞다고 동의했다.

"마치 다른 사람 때문에 과중한 업무에 시달리는 것 같지만, 그렇지 않습니다. 업무량은 스스로 정하는 거죠."

"그렇지만 확실한 것은 저는 그렇게 생각하지 않는 데 문제가 있어요."

"왜 그런지를 관찰할 수 있는 실험을 해봅시다." 내가 제안했다.

나는 그들에게 매우 간단한 한 가지 일을 제안했다. 그것은 딱 1분 동안 자신의 호흡에 주의를 집중하는 것이다.

잔을 비워라

"딱 1분 동안 자기 몸의 안팎으로 드나드는 공기의 흐름을 느껴보세요." 내가 설명했다. "만약 당신이 집중하는 동안 업무적이거나 개인적인 관심거리에 대한 생각이 끼어 들면 그 즉시 무의식적으로 호흡을 하세요. 1분이 지나면 벨 소리를 울릴 겁니다. 그때 눈을 뜨고 자신의 경험에 대해 이야기해 봅시다."

"음, 음 하며 소리를 내도 되나요?" 알이 말했다.

"알, 당신이 좋다면 괜찮습니다."

1분 동안 약 열 번의 숨을 들이마시고 내쉬었다. 끝났을 때

나는 각자가 무엇을 느꼈는지에 대해 질문하였다.

"대단한 경험이었어요." 프로젝트 매니저인 브렌다가 말했다. "너무 편안해서 거의 잠들 뻔했습니다. 계속 하고 싶었는데도요."

"겨우 1분 동안이지만 일에 관한 생각을 멈추는 것이 너무 힘들었어요. 호흡에 정신을 집중하면서도 살펴볼 이메일과 다음 회의에 준비해야 할 사항에 대한 생각이 계속 떠올랐어요." 담당 이사인 크리스티가 덧붙였다.

"그것이 바로 지금까지 작동해 온 자동화된 반응에 맞추어 일하는 방식입니다. 그 생각들을 떠오르지 않게 하는 것이 얼마나 힘든지 알아차리고 나면 놀랍지 않나요?" 나는 크리스티에게 질문했다.

"다소 당혹스러웠어요. 나는 스스로를 매우 훈련이 잘 된 사람이라고 생각하고 있었습니다. 1분 동안 단 한 가지 일에도 의식을 집중하지 못한다는 사실은 참 혼란스럽네요."

"그건 우리 모두가 직면한 문제입니다." 그녀에게 말했다. "지금처럼 빠르게 변화하고 있는 상황에서 문제는 점점 복잡해지고 있습니다. 이러한 환경에서도 과거의 성공 방식이 여전히 합리적일까요? 우리는 새로운 방식을 찾을 때까지 충분히 속도를 늦추어야 합니다."

"나는 매일 닥치는 혼란 속에서 머리를 정리하기 위하여 1분의 여유를 갖는 것이, 더 나은 결정을 내리고 업무에 있어서 효율성을 높일 수 있다는 것을 알게 되었습니다." 팀의 최고 기술자인 엘렌이 말했다. "숨쉬기 휴식 같이 말이죠."

"숨쉬기 휴식이라……." 데이브가 따라 했다. "그거 맘에 드네요. 숨쉬기의 또 다른 이점은 나를 둘러싸고 있는 것들에 대해 더 많이 알게 되었다는 것입니다. 예를 들면 에어컨 돌아가는 소리나 복도에서 나는 사람들 말 소리 같은 거요. 처음에는 이것들이 방해물처럼 여겨져서 좀 짜증이 났습니다. 하지만 순간 모든 것들이 리듬을 가지고 순환한다는 것을 깨달았습니다. 그 순간 그것들은 더 이상 나를 방해하는 것이 아니라 호흡에 녹아들어 가기 시작했지요."

"프로젝트가 어떻게 진행되는지 알고, 그 메커니즘을 이해할 수 있는 만큼 충분하게 속도를 늦추었을 때, 우리는 시간을 좀더 효율적으로 활용하는 방법을 알게 될 것입니다." 내가 덧붙였다.

나는 알이 그 답지 않게 조용히 있는 것을 보고 그에게 혹시 덧붙이고 싶은 말이 있느냐고 물어보았다.

"나한테는 이게 다 시간 낭비 같습니다."

"당신의 경험은 어땠나요?" 나는 그에게 다시 물었다.

"나는 앉아서 무엇을 위해 이것을 하고 있는지, 또 언제쯤 끝날지를 생각했습니다."

"그렇다면 알, 브렌다가 거의 잠들 뻔했고 계속 잠자고 싶었다는 의견에 대해 어떻게 생각합니까?"

"그녀는 지쳐서 휴식이 필요했던 거지요."

"크리스티의 경우는?"

"너무 한 방향으로 열심히 몰아치다 보니 이젠 속도를 조절하기가 힘든 겁니다."

"그렇다면 참여 자체를 거부하는 사람은 어떻습니까?" 나는 그에게 물었다. "그런 사람으로부터는 당신은 어떤 결론을 끌어낼 수 있겠습니까?"

그는 눈을 가늘게 뜨고 입은 꾹 다문 채 웃음을 보였다.

"이 팀에는 당신이 필요합니다. 알, 하지만 가득 찬 잔을 가지고 있으면 팀이나 당신에게나 그다지 큰 도움이 되지 못하죠."

그는 웃기 시작했다.

"무슨 말씀인지 이해합니다. 마침내 그가 말했다. 다른 사람들이 어떻게 용기를 내는지를 보는 것이 나 스스로 용기를 내는 것보다 쉬운 것 같습니다."

"우리가 좋아하는 다른 사람들의 행동이란 종종 우리 자신이 해야 하는 일인 경우가 많지요." 내가 말했다. "그것이 당신 팀이 알아야 할 내용입니다. 당신은 팀원들의 성공을 돕기 위해서 일을 하고 싶지 않습니까?"

"정확히 무슨 의미죠?"

"당신 팀 동료에게 질문해 볼까요?"

"만약 당신이 잘못되었다고 생각하는 점을 나에게 지적해 주기 이전에, 잘 된 것을 먼저 칭찬해준다면 저는 굉장히 안심이 될 것 같아요." 브렌다가 말했다. "비용과 이익을 평가하기보다는 우리는 무엇이 옳고 그른지를 논쟁하는 데 매달리고 있는 것 같아요."

"난 전부 동의할 수 없습니다." 알이 말했다. 그리고는 장난스럽게 살짝 웃으며 불안한 긴장을 깨뜨렸다. "아, 농담이에요. 아마도 나는 쉬운 해결책을 찾아 왔던 것 같습니다. 위험을 무릅쓰는 것보다는 여기저기를 쑤셔보는 것이 더 쉽겠지요. 하지만 이제 시간이 다가온 것 같습니다. 어떤 일을 시도해도 제대로 된 결과가 나오지 않는다면 우리가 당할 최악의 상황은

뭘까요? 해고일까요?"

그의 말에 사람들은 웃을 수밖에 없었다.

어디에 서 있는지를 파악하라

"브렌다, 당신이 아까 말했던 옳고 그름을 따지는 것과 비용·편익을 평가하는 것을 구분하는 것으로 되돌아가 봅시다. 이 두 접근 방식의 혼란은 매우 큰 문제를 야기합니다." 내가 말했다. "예를 들면, 비현실적인 마감일 문제가 때로는 옳고 그름을 따지는 싸움이 됩니다. 크리스티, 당신과 톰 사이에서 있었던 문제가 아닌가요?"

"맞습니다. 만약 그가 우리의 쓸데없는 힘 겨루기로 사태가 과거로 회귀하고 있다는 걸 인식하고, 어렵지만 취사 선택을 해야 하는 상황이라는 것을 제대로 보았더라면 아마 달라질 수도 있었을 텐데……."

"그것 참 재미있네요." 브렌다가 말했다. "당신과 나의 대화에서도 똑같은 문제가 존재하거든요."

"크리스티가 톰과 의사소통을 할 때 그녀는 밑에서 위를 향해 이야기합니다." 내가 말했다. "그러나 그녀가 브렌다와 의견을 나눌 때는 역할이 반대가 됩니다. 시스템에서 역할을 바꾸어 보면 우리는 당연히 관점도 달라집니다. 프로젝트 게임에서 알이 A자리에 앉자마자 예전에 그가 아주 싫어했던 고위 경영진의 행동 중 많은 부분을 똑같이 했던 걸 생각해 보세요." 라고 내가 덧붙였다.

"어휴, 나를 자꾸 논쟁의 중심으로 끌어들이지 마세요. 내 잔은 이미 꽉 찼어요." 알이 농담을 했다.

"크리스티, 왜 당신과 톰 사이의 문제가 당신이 브렌다와 있을 때 똑같이 반복된다고 생각하시죠?" 내가 물었다.

"그 이유는요, 브렌다에게 시간이 적절치 않다는 불평을 들었을 때, 나는 그게 계획이 허술한 점이나 커뮤니케이션 부족, 또는 야무지지 못한 일 처리에 대한 핑계가 아닐까 우려했어요." 그녀는 시인했다.

"그렇다면 당신이 프로젝트의 범위가 확장되는 문제를 제기했을 때 톰이 느낀 우려도 그것이라고 생각하지 않으세요?" 나는 그녀에게 물었다.

그녀는 잠시 말을 멈춘 후 "그럴 수도 있겠군요."라고 대답했다.

"우리가 데드라인에 대해 위기의식을 느끼는 것은 우리가 한계에 달했다고 생각하기 때문입니다." 팀의 최고 기술자인 엘렌이 말했다.

"무슨 뜻인가요?" 그녀에게 물었다.

"일단 한계에 다다르면 우리는 어쩔 수 없이 어려운 선택을 해야만 합니다. 만약 적정 인원의 절반만 프로젝트에 투입되었다면 완성 시간이 두 배로 늘어나든지, 또는 애초의 마감일에 맞추려면 일의 범위가 확실히 축소되어야 합니다. 반면에 경영진은 시간, 업무범위, 인원 중 아무 것도 희생하지 않고서 최소의 인원으로 더 많은 능력을 쥐어 짜내려고 합니다."

"아니죠. 실제로는 우리가 희생양이 된 거죠." 데이브가 반대 의견을 내놓았다. "우리는 아무런 보상도 없이 더 많은 날 동안 더 긴 시간을 일했습니다. 그 비용은 바로 우리에게 전가된 거죠."

"그 때문에 대화가 쉽게 힘 겨루기 사태로 빠져버리죠." 엘렌이 덧붙였다.

"또한 실제의 구체적인 계획이 마련되기 전이라서 대화가 잘못되는 경우도 있어요. 아까 우리가 말했듯이 실제로 일을 진행하기에 앞서 무엇이 가능한지를 알아봐야 합니다. 업무 부담을 그렇게 늘리지 않고도 현실적으로 효율성을 높이는 방법을 찾을 수도 있을 테니까요."

"계획 과정에서 우리가 자료를 수집하지 않았기 때문에 한계에 도달했는지 그렇지 않은지에 대한 논의도 뒤로 미루겠습니다. 대신 이제 선택요인에 대해 생각해보기로 합시다. 어떤 면에서는 프로젝트를 진행하다 보면 어떤 요인이 한계에 다다를 수밖에 없습니다. 그 한계점에 부닥쳤을 때 과연 이 프로젝트와 고객을 위해 가장 좋은 선택은 무엇일까요? 이것이 지금부터 논의할 문제입니다." 내가 제안했다.

"왜 아직 고장나지도 않은 걸 고치려고 합니까?" 알이 퉁명스럽게 말했다. "문제가 발생했을 때 논의하는 것이 더 효율적이지 않나요?"

"당신은 경기규칙 땜에 싸움이 나서 중단된 경기를 해본 적이 있습니까?" 나는 알에게 물었다. "그런 일은 대개 중대한 시점에서 일어난다는 걸 아실 겁니다. 야구에서 9회말에 득점으로 이어질 수도 있는, 파울선에 바로 떨어지는 라인 드라이브(야구에서 타자가 친 공이 땅에 닿지 않고 날카롭게 일직선으로 야수를 향해 날아가는 것)를 쳤을 때, 그때 비로소 파울선이 어딘지 논쟁하기 시작해서는 안 되겠죠. 한 팀이 셔츠를 둔 곳이라고 주장하는 반면 다른 팀은 나무 그루터기가 파울라인이라고 계속 우긴다면 둘 중 어느 한 쪽은 결국 상당히 불리한 입장이 될 것입니다. 경기를 시작하기 전에는 실제로 아무도 기준선이 그루터기인지, 셔츠인지를 신경 쓰지 않았습니다. 명확한 판단을 내려야 합니다. 그러나 승패를 따질 중대 국면에서는 이것은 매우 길고 불쾌한 논쟁이 되어버립니다. 효과적인 속도 조절이 바로 이래서 중요한 것입니다. 일이 다급해지기 전에 핵심 문제들을 시간을 갖고 논의해 둔다면, 우리는 보다 짧은 시간에 더 나은 결정을 내릴 수 있습니다."

그리고 나는 한계에 도달했을 때 사람에 따라 취할 수 있는 행동이 다를 수 있다고 지적했다. 예를 들어 일정 중에서 한 달을 까먹는다고 가정할 때, 결과는 단지 프로젝트가 예상 계획보다 한 달 늦게 완료되는 간단한 문제라고 할 수 있을까? 만약 그렇지 않다면 잃어버린 시간을 보충하기 위해 자원을 더 투입하거나 규모를 축소해야 할까? 위기가 닥치기 전에 분명히 판단해 두지 않는 다면 사람들은 방향을 잃어버리고 헤매기 시작할 것이다. 이것은 프로젝트에서 예상할 수 있는 수많은 장애물들을 야기하는 것이다.

무엇을 선택할 것인가

트레이드 오프 매트릭스는 이러한 문제들을 표에 기입하여 분류할 수 있는 그래픽 도구이다. 프로젝트의 한계점은 다음 세 가지 차원에서 측정된다. 즉, 범위(산출되는 결과물이 무엇인가), 시간(언제까지 결과물을 낼 것인가), 자원(비용은 얼마나 드는가)이다. 우리가 이 중 한 요소를 바꾸면 다른 요소도 이에 따라서 변화하는 것이다.

팀의 최고 기술자인 엘렌의 경우, 자원(프로젝트에서 일하는 사람의 수)을 줄이는 것은, 같은 양의 업무를 완수하기 위하여 더 많은 시간을 들이거나 또는 원래의 마감시한에 맞추기 위해 성과의 양 또는 전반적인 질을 낮추는 것을 의미한다.

정해진 마감일에 맞추기 위해 프로젝트의 의사결정은 다음의 그림처럼 표현할 수 있다.

잠긴 자물쇠는 한 요인을 절대 변경할 수 없음을 가리킨다. 예상치 못한 위기에서 우리가 제일 먼저 조정할 것이 무엇이고, 그 다음으로 대체 전략으로서 유일하게 고려할 수 있는 것

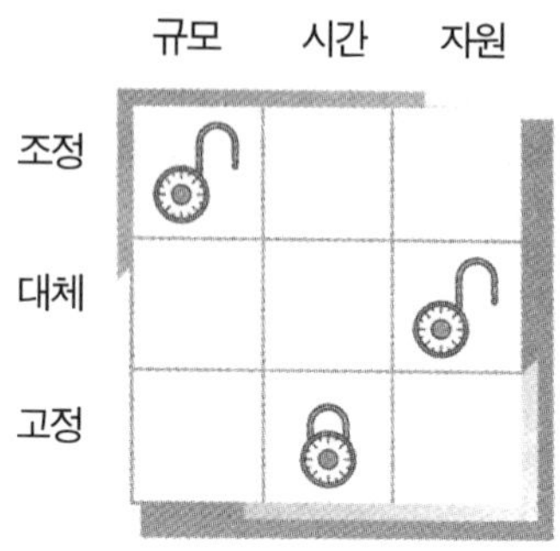

이 무엇인지를 알려준다.

대체 전략을 이해하기 위해서 다음 상황을 생각해 보라. 무역전시회에 내놓을 상품을 준비하는 데 있어서 상품의 규모는 최소한의 범위로 축소되었다. 그런데 이 상품의 핵심 버전은 최근에야 완성되었고 완벽한 기능을 갖추기 위해서는 2, 3일 간의 여유가 더 필요한 상황이다. 우리는 더 이상 규모를 축소할 수는 없다. 하지만 마감에 맞추기 위해 외부에서 추가 인력을 채용할 수는 있다. 마감 시한에 맞추기 위해 이미 규모 축소는 먼저 시도되었다. 더 이상 규모를 축소하는 것이 불가능할 때 인원을 늘리는 것이 프로젝트를 제시간에 완료하기 위한 대체 전략이 되는 것이다.

"저는 이 매트릭스 아이디어가 맘에 들어요." 팀의 담당 이사인 크리스티가 말했다. "우리는 이런 잠재적인 위험에 대해 이미 종종 이야기해 왔었죠. 트레이드 오프 매트릭스는 프로젝트 진행사항을 분명히 보여주고 잘못된 의사소통을 바로잡을 수 있겠네요."

"동의합니다." 프로젝트 매니저인 브렌다가 말했다. "또한 한계점에 대한 논쟁으로 되돌아가는 대신 지금 이 상황에서 우리가 선택할 수 있는 최선이 무엇인지에 집중하는 방법이 마음에 듭니다."

"내 생각으로도 트레이드 오프 매트릭스는 좋은 도구입니다." 데이브가 말했다. "그렇지만 이걸 하려면 시간이 좀 걸리겠네요. 일단 스케줄에 쫓겨 일하게 되면 우리가 이런 과정을 따르기는 힘들 걸요."

"당신 말이 맞아요, 데이브." 내가 말했다. "지금처럼 빠른 세계에서는 속도를 위한 속도내기 밖에 되지 않습니다. 즉 더 빠른 칩, 더 빠른 라우터(복수의 LAN을 상호 접속하여 데이터를 주고 받을 수 있는 장치의 하나), 더 빠른 네트워크, 더 빠른 의사결정, 그리고 무엇보다도 시장에 대해 더 빨리 반응하기 등이죠. '조금이라도 빈둥거리면 실패하고 말 것이다!' 이게 바로 함정입니다. 그렇게 빨리 움직이기 위해서는 당신은 거의 자동적으로 움직여야 합니다. 왜냐하면 당신이 멈추고 무얼 하고 있는지 생각하기라도 하면 그것은 당신을 느리게 할 테니까요. 그러나 중요한 것은, 빠른 속도에 자동적으로 반응해서는 당신이 원하는 결과를 얻을 수 없다는 것이죠. 그것이 바로 프로젝트 게임에서 당신이 저지른 실수죠."

핵심에 접근하기 위해 속도를 늦춰라

어떤 면에서 효과적인 속도 조절이란 속도를 희생시켜 정확성을 얻는다는 뜻이다. 이런 식으로 생각해 보자. 시속 100킬로미터 속도로 친구의 집에 달려가고 있다. 당신은 방향을 바꿔야 할 갈림길에 도착하였는데, 정확히 어느 길로 접어들어야 하는지는 모르고 있다. 올바른 길로 가기 위해 표지판을 읽으려면 속도를 늦추어야 한다. 방향을 어디로 돌릴지 알지도 못한 상황에서 속도를 내는 것이 무슨 소용이 있겠는가?

아마도 당신은 당연히 방향을 바꾸기 위해 속도를 늦춰야 한다. 다른 말로 하자면, 핵심에 접근하거나 국면을 전환하려면 속도를 늦추어야 한다. 당신이 이미 길을 알고 있거나, 혹은 넓게 펼쳐진 외길이라면 속도를 더 낼 수 있겠지만.

사람들을 업무에 자발적으로 참여시키는 데는 시간이 좀

걸린다. 당신은 그것이 가지는 가치와 비용문제에 대해 확신을 가질 수 없을지도 모른다. 하지만 중요한 것은 사람들을 참여시키지 않았을 때에도 비용의 문제는 발생한다. 즉, 사람들을 포섭하는 데 대한 찬성과 반대는 무엇이며, 세 번째 규칙은 어떤 것이 될 것인가? 세 번째 규칙으로 넘어가기 전에 지금까지 논의한 것을 정리 요약하면 다음과 같다.

속도 조절 가이드라인

잠시 멈추고 잔을 비워라

한계를 인정하고 선택 대안을 비교 검토하라

방향을 바꾸기 위해 속도를 늦춰라

제 7 장
포섭하라

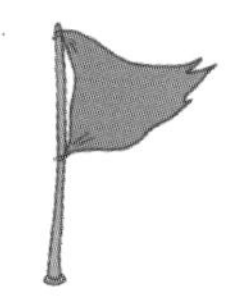 우리는 이미 엄청나게 빠른 속도에서 발생하는 장애물의 수많은 도전을 받아 왔다. 트레이드 오프 매트릭스는 비현실적인 데드라인에 직면했을 때 선택할 수 있는 대안을 비교 검토하는 방법을 제공했다. 우리는 상호보완적인 관계를 통해 동기부여를 하고 갈등을 해결할 수 있다. 비현실적인 데드라인에 맞추기 위해서는 우리는 한 영역 안에 다 함께 있고, 항상 해결 방법이 존재한다는 것을 인식하는 데서 출발해야 한다. 이런 태도와 올바른 정보가 있다면 우리는 변화를 통해서 일을 해결하는 방법을 찾을 것이다. 또 이 모든 것은 효과적인 커뮤니케이션을 하는 데 보탬이 된다.

그러나 우리를 자동적으로 반응하도록 만드는 엄청난 속도 때문에 우리는 이런 새로운 행동을 실행할 수 없다. 그렇기 때문에 새로운 접근법은 매일매일의 도전에 적용할 수 있도록 아주 간단하고 쉬워야 한다. 세 번째 규칙인 '포섭하라'에 있어서 이 점은 특히 더 중요하다. 왜냐하면 그것을 위해서는 여

분의 시간이 필요하기 때문이다. 다시 한 번 우리는 간단한 실험을 시작했다.

"차 트렁크에 여행가방을 싣고 애인과 함께 오랫동안 기다려온 휴가를 떠난다고 상상해보세요."

"한두 시간 달린 후에 당신이 파트너를 슬쩍 보며 '자, 이제 어디로 갈까?'라고 물었다고 합시다. 이때는 이미 결정을 내리기에는 너무 늦어버렸지요. 만약 수영복이나 스노클링 장비만 챙겼다면, 애인이 '알래스카!'라고 말하지 않기만을 바랄 수밖에 없어요. 따라서 이미 결정이 내려진 후에 팀원들을 의사결정 과정에 포함시키는 것은 큰 의미가 없습니다."

"하지만 이것은 매일같이 일어나는 일입니다. 프로젝트 게임에서 본 바와 같이, 고위 경영진은 목표에 대해 말하는 데는 너무 많은 시간이 걸린다고 단정해버려요. 이런 식으로 일을 진행시키는 사람에게 여러분은 뭐라고 말하시겠습니까?" 전체에게 질문했다.

"그들은 그럴 경우 추가적인 시간이 더 들어가는 것만 고려했지, 핵심 요원들의 눈을 가린 채 달리는 게 하는 것이 얼마나 큰 비효율성을 낳는지는 모르는 거지요." 프로젝트 매니저인 브렌다가 말했다.

"제 생각에는 우리가 올바르게 일을 진행하는 방법을 전혀 배우지 못했기 때문에 효과적인 커뮤니케이션을 하는 데 걸리는 시간을 과대 평가했다고 봅니다." 엘렌이 추가했다.

"그렇다면, 우리는 당장 문제를 바로 잡을 수 있습니다." 내가 말했다.

나는 그들 각각에게 쪽지를 돌리고 가능한 한 빨리 읽으라고 요구했다. 메시지는 다음과 같다.

FINISHED FILES ARE THE RE-
SULT OF YEARS OF SCIENTI-
FIC STUDY COMBINED WITH
THE EXPERIENCE OF MANY
YEARS OF EXPERTS

그들이 다 읽었을 때, 나는 우리가 있는 방을 커다란 시계로 상상하라고 말했다. 방의 정면은 열 두 시, 창문 쪽은 세 시, 뒤쪽은 여섯 시, 화이트보드 옆의 오른 쪽은 아홉시이다. 이것을 염두에 두고 팀원들은 쪽지를 다시 한 번 읽고 메시지에 'F'가 몇 번 나오는지를 센 후, 시계에서 그 개수에 해당하는 위치로 이동하라고 했다. 알, 크리스티, 그리고 데이브는 창문 쪽으로 가서 섰다. 다섯 개의 F를 발견한 브렌다는 방 뒤쪽에서 약간 옆에 섰다. 브렌다의 몇 발짝 옆에는 엘렌이 섰다. 엘렌은 일곱 개를 센 것이다. 그들은 쪽지가 모두 똑같다는 사실을 알지 못했기 때문에 처음에는 이를 이상하게 생각하지 않았다.

일곱 개의 F가 적힌 엘렌의 쪽지를 데이브에게 주고, 세 개의 F가 있는 데이브의 쪽지를 엘렌에게 주었다. 다시 한번 F의 개수를 세어 보라고 했더니 여전히 그들은 모두 조금 전과 같은 숫자를 말했다.

"엘렌, 당신은 F가 아니라 S를 센 거 아니에요?" 알이 건너편에 있는 엘렌에게 물었다.

"영어가 엘렌에겐 외국어인 거 아니야?" 데이브가 알에게 속삭였다. F를 세 개로 센 그들은 다수였기 때문에 자신들이 실수했다고는 생각하지 못했다.

"당신들이 가진 메시지는 모두 똑같습니다." 그들에게 말했다. "OF의 F를 보신다면 일곱 개의 F를 셀 수 있을 겁니다."

크리스티는 허탈하게 웃었고, 알은 자신의 지적 능력을 비난하는 소리로 중얼거렸으며, 데이브는 마치 떠돌이 약장수를 보던 시골 점원 같은 표정으로 외쳤다. "내가 그랬다니!"

더 많은 피드백을 통해 빠뜨린 F 찾기

"이런 현상이 일어나는 데에는 여러 가지 분석이 있지요." 나는 팀원들에게 말했다. "우리의 두뇌는 대단히 복잡한 삶을 다루기 위해 정교한 여과 장치를 발전시켜 왔다는 사실을 알면 도움이 될 것입니다. 이 여과 장치는 중요한 것을 재빨리 결정하여 최전방에 배치하고 중요하지 않은 것은 뒤쪽에 떨어뜨려 놓지요. 일단 어떤 것을 뒷전에 밀어두기로 결정하고 나면 그건 사실상 눈에 보이지 않게 되는 거죠. 우리가 OF라는 단어에서 F를 발견하지 못한 것은 바로 그런 이유 때문입니다. 완전히 걸러져 버린 거죠."

"그것 참 무섭네요." 브렌다가 말했다. "겨우 다섯 줄의 문장에서도 이렇게 많은 세부사항을 놓치는데, 복잡한 프로젝트를 다룰 때는 틈새로 얼마나 많은 것을 빠뜨렸을까, 정말 생각하기도 싫군요."

"우리가 물리적으로 떨어져 있기 때문에 문제는 더 커졌어요." 크리스티가 주장했다. "3개의 F밖에 찾지 못한 우리는 엘렌과 떨어져 있었기 때문에 쪽지를 비교해 볼 기회가 없었어요."

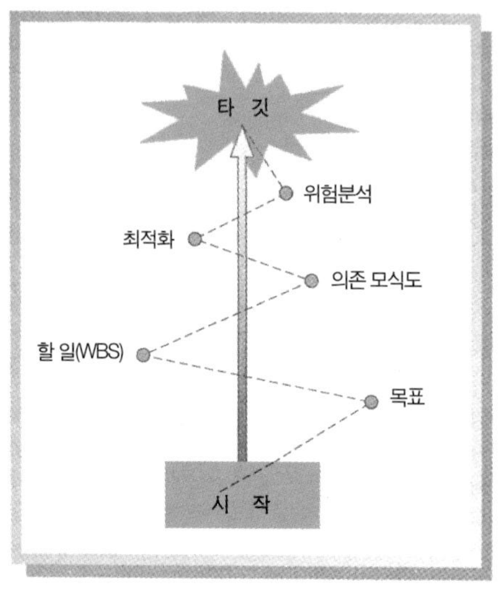

　"그것이 프로젝트 기획의 각 단계에서 팀원을 참여시키는 과정이 그토록 중요한 이유입니다." 나는 이러한 피드백이 필요해지는 특별한 지점을 그들에게 시각화해서 보여주기 위해 위와 같은 그림을 보여주었다.

계획단계부터 포섭하라

　"프로젝트의 첫 단계에서는 일단 우리의 목표를 명확히 설정하고, 그것을 달성하기 위해 필요한 모든 작업을 결정해야 합니다."

"해야 할 일 리스트를 작성해야 한다는 뜻이죠?" 브렌다가 그림을 보면서 말했다.

"맞습니다. 그리고 프로젝트 전문용어로는 그 리스트를 WBS(work breakdown structure)라고 부릅니다. 여기서 명심해야 할 것은 WBS는 팀 전체의 과정이므로 프로젝트 매니저가 혼자 작성해서는 안 된다는 점입니다. 현재 여러분은 그렇게 하고 있나요?" 나는 브렌다에게 물어보았다.

"거의 그렇게 하지요." 그녀가 대답했다. "일반적으로 팀원들이 각자 업무를 마치는 데 필요한 예상 기간을 적은 리스트를 제출하게 합니다. 그 후 그 정보를 수집하여 최종 리스트를 만들고 피드백을 요구합니다."

"어떤 경우에는 팀원들이 흩어져 있기 때문에 그럴 수밖에 없다고 인정합니다." 내가 말했다. "하지만 팀이 얼굴을 맞대고 만나지 못하면 즉각적인 피드백을 얻기 힘들고, F를 빠뜨리는 일이 늘어나겠죠. 또한 WBS가 그런 식으로 작성될 수밖에 없다면, 사전에 얼굴을 맞대는 관계를 정립하는 것은 더욱더 중요해집니다. 사람들이 당신을 잘 모른다면 확실한 참여의 약속을 얻어내기 힘들 뿐만 아니라 당신이 잘못된 의사소통의 희생자가 되기 쉽습니다. 프로젝트 게임에서 보았듯이요."

"난 전혀 몰랐어요." 브렌다가 동의하는 듯 말했다.

"어쨌든 일단 업무 리스트를 만들고 나면 다음엔 무엇을 할까요?" 내가 전체에게 물었다.

"순서를 정해야죠." 알이 말했다. "각각의 조각들이 어떻게 큰 전체 그림으로 맞추어지는지 살펴보아야 합니다."

"맞습니다. 우리는 이것을 보면서 '어느 업무가 어느 업무에 의존하는가?' 라고 질문해야 합니다. 그렇기 때문에 우리는 전체 업무를 연관짓는 큰 그림을 '의존성 도형' 이라고 부릅니다."

"도형의 지그재그 선은 계획의 각 단계에서 추측과 가정을 점점 더 명확하게 하고 또 누락된 세부사항을 놓치지 않고 파악해야 함을 보여주는데, 그래서 타깃에 더욱더 단단한 동그라미를 그린 거지요?" 크리스티는 다소 수사학적으로 물었다.

"네, 그렇기 때문에 전체 팀이 다 함께 참여해야 한다는 것입니다. 이렇게 계속되는 피드백을 통해서 우리는 생각을 점차 다듬어가는 것이지요."

"최적화는 무엇입니까?" 데이브가 물었다.

나는 그에게 의존성 도형을 창조하는 첫 번째 경로에서는 다소 이상적인 그림이 나온다고 설명하였다. 마치 화가가 정교하게 세부적으로 붓 칠하는 작업을 하기 전에 먼저 스케치하고 바탕색을 칠하는 것처럼, 우리는 프로젝트의 계획을 세울 때 여러 단계를 거치게 된다. 의존성 도형은 작업이 어떻게 연결되어 있는지를 보여주는 밑그림과 같다. 처음 이 연결은 이상적인 그림으로 표현되는데, 여기에는 현실의 문제점이 정확하게 반영되어 있지는 않다. 예를 들면, 도형은 예상 마감 일정을 놓치거나 특정 팀에게 과다한 업무를 부과할 수도 있다. 최적화는 이러한 한계점을 다루기 위해 도형을 바로잡아 준다. 만약 이 도형에서 예측한 것보다 더 오래 걸리는 것으로 나타난다면, 동시진행 업무를 늘리거나 부풀려진 일을 제거하거나 또는 프로젝트의 범위를 줄여서 업무를 줄일 수도 있을 것이다.

위험요소를 분석하는 것과 우발적 계획은 프로젝트를 망칠 지도 모르는 문제들을 염두에 둔다는 점에서 매우 비슷한 기능을 수행하는 것이다.

"우리는 아직도 시간만 낭비하고 아무런 계획도 세우지 못한 것 같습니다." 알이 말했다. "이 회사에서 우선순위 업무를 변경하는 방식을 보면, 우리가 뭔가를 계획한다는 건 그걸 적는 종이만큼의 가치조차 없어요."

"그것이 효과적인 계획의 전체 관점입니다." 크리스티가 목소리에 분노를 담아 말했다. "이 방법은 예상치 못한 변수들에 대한 우회도로를 찾게 해 주는 겁니다."

계획이 곧 행동이다

"계획 단계가 자꾸 늘어나는 것에 반대하는 건 알만이 아니죠." 프로젝트 매니저인 브렌다가 말했다. "사람들은 변화를 거부하고 있고, 이미 회의 때문에 일이 늘어난다고 불평하고 있습니다. 이메일을 이용해서 그 일을 하면 안 될까요?"

"단지 몇 발자국 떨어졌는데도 우리의 피드백 고리는 깨졌습니다." 난 브렌다에게 상기시켰다. "즉각적이고 얼굴을 맞대는 방식의 피드백 과정을 없앤다면 빠뜨린 F를 찾는 것이 훨씬 어려워집니다. 우리가 이 과정에서 정보수집 이상의 일을 한다는 사실을 명심하세요. 또한 우리는 하나의 팀으로서 함께 일할 방법을 연습하고 있는 것입니다. 우리가 어떻게 계획하는가는 우리가 어떻게 행동하는가와 같은 것입니다. 이메일은 일하는 속도는 증가시키겠지만 질은 떨어뜨립니다. 그렇게 하다보면 나머지 프로젝트에도 똑같은 패턴이 반복될 수 있어요."

"만약 고객 담당자가 고객의 요구사항을 이미 알고 있다면, 우리가 함께 이야기해야 할 필요가 있는지 저는 모르겠습니다." 알이 반대했다. "브렌다의 의견에 동의합니다. 이메일로 지시사항을 모든 사람에게 보내는 편이 훨씬 쉽고 빠릅니다."

"목표를 효과적으로 정의하기 위해 우리에게 필요한 것이 수많은 명세서뿐이라면, 당신 말에 동의합니다. 하지만 그건 아니죠. 이 지점에서의 목표의 혼란은 프로젝트를 본격적으로 시작하기도 전에 망쳐버리는 원인이 됩니다. 고객은 해결책을 원하는 것이지, 명세서를 원하는 것은 아니지요. 고객은 우리에게 자신들이 원하는 것을 알아주기를 기대합니다."

고객의 희망과 두려움을 파악하라

우리는 좀더 많은 논의를 한 뒤에, 명세서는 우리가 해야 할 바는 알려주지만 그 일이 왜 중요한지는 알려주지 않는다는 데 의견의 일치를 보았다. 프로젝트 게임에서 이미 본 것처럼, 앞뒤 맥락을 무시한 채 업무 자체만 명확하게 정의하는 것은 여러 가지 실수와 비효율성을 야기한다. 목표를 잘 정의하기 위해서 우리는 고객의 희망과 두려움을 파악해야 한다. 목표를 수립하는 과정은 다음의 질문에 대한 답을 준다.

우리의 일은 어떻게, 어떤 조건 하에서 활용되는가?

고객이 얻고 싶어하는 결과는 무엇인가?

우리는 결과의 형태와 이점에 대한 고객의 우선순위를 이해하고 있는가?

"다른 말로 하자면, 목표를 수립하는 과정은 팀원들을 올바르게 참여시키는 과정일 뿐만 아니라, 고객과의 관계를 형성하는 과정이라고 할 수 있습니다. 만약 팀이 성급하게 실행으로 옮길 경우, 간과하게 되는 것은 참여 단계입니다." 나는 전체에게 주의를 환기시켰다.

"하지만 대부분의 경우에 우리는 고객과 직접 접촉하지 않습니다." 데이브가 이의를 제기했다.

"만약 마케팅 부서를 통해서만 고객과의 계약내용을 제공받고, 그들을 저 밖에 있는 바보들로만 규정짓는 것은 고객의 관점에서 해결책을 명확하게 이해하는 데 방해가 됩니다. 어떤 팀원들은 사람 간의 커뮤니케이션은 부정확할 수 있다는 불안감 때문에 명세서에만 초점을 맞춥니다. 그들은 모든 세부 명세서에 적혀진 대로 프로젝트를 수행하는 데 바빠서 정작 고객이 만족하지 않는다는 사실은 무시합니다. 이런 경험을 겪으신 분 있습니까?" 나는 질문했다.

알이 손을 들었다.

"저의 전 직장은 산업용 부품을 생산하는 곳이었죠. 우리는 주요한 고객으로부터 특별한 형광 밸러스트(배의 안전을 위해 배 바닥에 싣는 무거운 돌)를 건설하는 큰 계약을 따냈습니다. 프로젝트를 시작하기 전에 엔지니어 집단은 고객과 함께 우리가 명세서 상의 모든 사항을 확실하게 이해했는지 검토하는데 많은 시간을 보냈습니다. 우리가 만들어낸 제품은 모든 세부적인 사항까지 명세서대로 수행되었습니다. 하지만 그 제품에 낮은 수준의 소음이 발생했기 때문에 고객은 만족하지 않았습니다. 고객은 이것 때문에 대금 지불하기를 거부했습니다. 정말 끔찍했어요. 모든 기술적인 토론에서는 소음 문제는 결코 나온 적이 없었고, 그래서 우린 그것을 명세서에 넣지도 않았던 것이죠."

"고마워요. 알." 내가 말했다. "아주 흔히 볼 수 있는 실패를 잘 보여주는 사례입니다. 고객은 우리에게 완벽한 기술적 전문 지식, 그 이상의 것을 기대합니다. 그들은 해결책을 원합니다. 그들은 익숙치 못한 영역에서 자신들을 잘 이끌어줄 수 있고, 알지 못하는 미묘한 부분까지 지적할 수 있는 우리의 지식과 경험에 의존합니다. 기술적 명세서를 분명하게 하는 것만으로는 충분하지 않습니다. 고객이 만족하지 않는다면 우리의 프로젝트는 실패한 것입니다."

누구를 더 포섭할 필요가 있는지 살펴보면서 우리는 다음과 같은 핵심 요점들을 정의했다. 즉, 프로젝트 매니저는 고객 담당자 또는 프로젝트 주문자와 함께, 정확히 어떤 해결책이 요구되는지를 명확히 파악해야 한다. 그 다음 핵심 팀의 참여하에 목표가 무엇인지를 이해하고 트레이드 오프 매트릭스를 작성해야 한다. 프로젝트 목표와 트레이드 오프 매트릭스가 작성되면 프로젝트 주문자에게 보여서 확인을 받아야 한다. 핵심 팀은 WBS와 의존성 도형을 개발하는 데에도 참여해야 한다. 그들은 또한 계획을 재수정하거나 최적화하고, 우발적 계획을 고려하는 데 참여해야 한다. 이렇게 완성된 프로젝트 계획은 프로젝트 주문자에게 최종적으로 보여주고, 승인을 받아야 한다.

다른 말로 하자면, 우리는 피드백과 투입을 모두 늘리기 위해서 팀원들뿐만 아니라 고객까지 포섭해야 한다. 어느 누구도 혼자서는 프로젝트 성공에 영향을 미치는 모든 변수들을 다 고려할 수 없다.

1. F 찾기 실험에서 우리는 사람들이 똑같은 정보를 가지고 아주 다른 요소들을 찾아내는 것을 보았다. 이런 차이들을 파악하고 조정하는 능력이 없으면 프로젝트는 난관에 부딪힐 수밖에 없다.

2. 세부 사항을 성급하게 결정짓는 것은 나무만 보고 숲을 못 보는 것과 마찬가지다. 결론적으로 우리가 포섭의 문제를 고려할 때 그 대상은 우리 팀원뿐만 아니라 고객도 있다는 것을 잊지 말아야 한다.

3. 고객은 해결책을 원한다. 그렇기 때문에 전과정에 걸쳐 끊임없이 그들의 반응을 확인하지 않으면, 기술적으로 완벽한 제품을 생산했음에도 고객은 만족하지 않을 수 있다.

4. 물론 많은 사람들을 참여시키는 것은 더 많은 시간을 필요로 하다. 그러나 실수를 반복하고 수정하는 데 얼마나 많은 시간이 드는지를 생각해 보면 그 시간은 아주 잘 사용되는 것이다.

5. 계획은 준비를 하는 데 쓰이는 시간이 아니다. 계획은 곧 행동으로 옮겨지는 것이다.

6. 포섭은 우리를 뒤로 가게 만드는 장애물을 뛰어넘을 수 있는 가장 확실한 방법이다. 또 그 결과, 사람과 프로젝트 두 가지 모두 만족도가 높아진다.

참여 가이드라인

빠트린 F를 찾기 위해 피드백을 증가시켜라

고객은 손에 넣을 수 있는 해결책을 요구한다.

계획은 곧 행동이다.

제 **8** 장
충족시켜라

충족시킨다는 것은 무엇을 의미할까? 프로젝트를 명세서에 작성된 목록에 맞게, 적정한 예산 한도 내에서 완성하여 제 시간 안에 결과물을 넘겨주는 것일까? 그러나 고객이 만족하지 않는다면 이것은 아무 소용이 없다. 과도한 스케줄과 다양한 작업을 동시에 추진해야 하는 상황에서 우리 각자가 만족한다는 것은 무슨 의미일까? 당신은 잠깐 멈춰 서서 스스로에게 '내가 지금 어디를 향해 이렇게 급하게 가고 있지?' 라고 물어보았던 가장 최근의 경험은 언제였는가?

커다란 재앙에 직면하여 고향을 등지고 피난갈 때 사람들은 무엇을 가져갈까? 우리는 무엇을 가져갈까? 아마도 가족 사진이나 무엇과도 바꿀 수 없는 중요한 것을 챙길 것이다. 마지막 순간에 우리가 진정으로 가치를 부여하는 것은 사랑이다. 임종을 맞이하여 '이런, 사무실에서 더 많은 시간을 보냈어야 했는데…….' 라고 말하는 사람은 아무도 없을 것이다. 왜 그럴까? 그것은 직장에는 충분한 사랑이 없기 때문이다.

우리가 프로젝트 성공에 핵심적이라고 규정했던 것들—효과적인 커뮤니케이션, 약속을 하고 지키기, 시스템 내에서 다른 계층과 조화 이루기, 상호보완적 관계—은 그 근본에는 인간에 대한 신뢰가 있다. 그것은 더 위대한 관심과 신뢰, 존경, 열린 마음, 즉 다른 말로 하자면 사랑을 가리킨다.

여러분이 이미 상상했을지도 모르지만, 프로젝트 매니지먼트를 다루면서 사랑에 대해 이야기하는 것은 알에게는 지나친 일이었다. 하지만 나는 그에게 이것은 매우 실용적으로 적용할 수 있다고 설명했다. 우리가 지금까지 말해왔던 모든 것을 팀이 얼마나 효과적으로 실행하고 있는지를 확인 할 수 있는 가장 빠른 방법은 그들의 회의에 직접 참여해 보는 것이다. 회의는 그들이 어떻게 함께 일하는지, 그리고 광범위한 기업 문화를 정확하게 반영하는지에 대한 좋은 판단 기준이 된다. 결론적으로 말한다면 회의를 변화시키고 싶다면 문화를 바꾸는 것부터 시작하라.

나는 그들이 회의에 대해 어떻게 생각하는지 질문하면서 마지막 규칙에 대하여 얘기했다.

"어려운 질문이지만……." 알이 말했다. "대부분의 회의는 초점이 불명확하기 때문에, 그야말로 시간낭비일 뿐이죠."

여기에 브렌다가 즉시 대답했는데, 그 목소리에는 다소 방어적인 느낌이 배어 있었다. "개성이 강한 몇 사람들 때문에." 그녀는 시선을 알의 방향으로 돌리면서 말했다. "초점을 맞추어 회의를 진행하는 것은 때로 도전이 되기도 합니다. 우리는 주어진 상황에서 최선을 다했습니다. 물론 회의가 절망적으로 끝날 때도 있지만, 반드시 필요합니다. 때로는 너무 많은 시간이 걸린다는 게 문제이긴 하지만요."

"엘렌, 데이브, 덧붙일 말 없습니까?" 내가 물었다.

"그건 경우에 따라 다릅니다." 엘렌이 대답했다. "어떤 회의는 매우 효율적이고 생산적인 데 비해 어떤 것은 계속 똑같은 이슈를 반복해서 다루지만 실질적으로 어떤 성과도 내지 못하는 경우도 많아요."

"다른 분들의 말이 모두 맞습니다." 데이브가 말을 이었다. "하지만 항상 늦게 와서 일찍 떠나는 사람들도 문제라는 점을 지적하고 싶어요. 또 내가 참여하는 많은 회의에서는 소수의 사람이 논의를 일방적으로 주도하는데, 서로 의견이 다를 때는 인신공격을 하기도 하지요."

"그럼 우리가 논의한 결과를 살펴봅시다." 내가 말했다. "회의에 대한 여러분의 불만에는 초점이 없다, 시간이 너무 많이 걸린다, 같은 이슈에 대해 반복한다, 생산적인 결정을 내리지 못한다, 늦게 오면서 일찍 간다, 몇몇 똑같은 사람들이 회의를 주도한다, 어떤 참가자들은 인신공격을 한다 등이 있습니다. 매우 일반적인 불만들입니다. 이것들에 대해 어떻게 논의해야 할지 생각해 보셨습니까?"

협의 사항 설정하기

"글쎄요." 엘렌이 말했다. "초점이 없는 회의, 시간이 너무 많이 걸리는 회의, 같은 이슈를 반복하는 회의에는 한 가지 분명한 해결책이 있습니다."

"맨 먼저 우리가 다룰 안건을 분명히 하는 것이지요." 알이 덧붙였다.

"회의를 시작하기 최소 하루 전에 안건을 전달하면 사람들은 나름대로 준비가 된 상태에서 참여할 것입니다." 내가 제안했다. "물론, 이것은 잘 실행되지 않는 일이고 우리가 알면서도 못하는 일이긴 합니다. 안건을 미리 알린다는 것, 이렇게 유용한 해결책이 왜 그렇게 계속 실행되지 않는다고 생각하십니까?"

"너무 바빠서요." 브렌다가 말했다. "한 회의를 마치자마자 사고 처리를 시작해야 하고, 우선순위 업무를 해결해야 하기 때문에 다음 회의가 올 때까지 숨돌릴 시간조차 없습니다."

"마치 속도 조절에 문제가 있는 것처럼 들리는군요." 크리스티가 말했다.

"회의의 마지막 몇 분 동안을 할애하여 다음 회의의 주요한 안건을 대략적으로 설명하는 것은 어떨까요?" 내가 제안했다.

"이것을 할 일 리스트에 받아 적어 두면 '너무 바쁘다' 는 문제를 처리하는 데 도움이 됩니다. 또한 전체 팀이 참여하는 것을 가능케 하는데, 그것은 더 넓은 포섭의 영역에 당신의 약속을 강화해 줍니다. 결론을 내리자면, 다음 회의 전에 모든 사람들이 안건에 대한 사본을 가지고 있으면 그들은 더 잘 참여할 것입니다."

"하지만 미리 안건이 배포된다고 해도, 어떻게 회의 시간을 줄일 수 있을까요?" 브렌다가 물었다.

"안건 사항을 만들 때, 각 아이템에 대해 시간을 정해두었나요?" 내가 되물었다.

"아니요. 대부분 그렇게 하지 않았습니다."

"다시 말하지만 이것은 대개 약간의 기술만 쓰면 해결되는 간단한 문제입니다. 모든 사람들은 제시간에 끝내고 가능한 한 빨리 업무에 복귀하길 원합니다. 각 아이템마다 시간을 표시해 두면 회의는 정해진 시간에 끝날 수 있습니다."

"자기 말만 하려고 하는 사람들을 어떻게 다룬단 말입니까?" 데이브가 약간 화난 듯이 물었다.

"인신공격 문제도 있다는 걸 잊지 마세요." 브렌다가 추가했다.

기본적인 규칙 정하기

"안건 사항이 내용적인 측면에서 초점을 잘 맞춘다면, 기본적인 규칙을 설정하는 것은 개인 간의 발생하는 문제를 처리할 수 있는 쉬운 방법입니다. 특히 까다로운 사람을 다룰 때 효과적입니다." 그들에게 말했다.

기본 규칙은 회의를 부드럽고 효과적으로 진행하기 위해 필요한 가이드라인에 대한 일종의 동의이다. 여기엔 다음과 같은 사항들이 포함되어 있다.

제시간에 시작한다
안건 사항에 집중한다
인신 공격은 하지 않는다

"사실 매우 간단한 것들이죠." 나는 계속했다. "이렇게 단순한 것을 다 열거하는 것은 여러분에 대한 모독이거나 시간낭비 같군요. 하지만 믿을 수가 없는 일이, 이렇게 기초적인 일들이 계속 잘못되어 왔다는 겁니다. 이것을 무시하는 태도가 회의를 망가뜨리는 근본적인 원인입니다."

"우리에게 필요한 것이 겨우 이런 새 규칙이었다니!" 알이 빈정거리듯 말했다. "만약 내가 그것을 어기면 어떻게 되지요?"

"알, 혹시 운동을 하십니까?" 그에게 물었다.

그는 엉뚱한 질문에 다소 놀라면서, 사내의 소프트볼 리그에 참여했다고 대답했다.

"거기엔 지켜야 할 규칙이 있었습니까?"

"당연히 있었지요." 알은 조롱하면서 대답했다. "규칙을 지키지 않는다면 경기에 참여할 수 없습니다."

"그것이 바로 나의 관점입니다. 우리는 약간의 재미와 돈을 기대하면서 '비즈니스'라고 부르는 경기에 참여하려고 합니다. 사람들이 규칙을 모른다면 경기를 할 수 없습니다. 프로젝트 게임과 같이 사람들이 강제로 규칙을 정하게 되면 그들은 목적이 혼란스러운 상태로 경기에서 헤매게 됩니다. 회의에서 기본 규칙은 누군가가 강요한 것이 아닙니다. 당신 스스로가 그것을 구성하여 회의를 하는 동안 지켜야 합니다. 조금 이해가 됩니까?"

"네, 그것은 이해했지만 내가 전혀 관심 없는 이슈에 대해 계속 말하는 것을 듣느라고 제 시간을 낭비하게 되는 문제는 어떻게 해결할 수 있을까요?"

"안건 사항을 미리 확정하고 배정된 시간 안에 마치는 데 동의하고, 이를 지키면 해결됩니다." 브렌다가 말했다.

문제 파악과 문제 해결을 구분하기

"그것은 많은 도움이 될 것입니다." 브렌다의 의견에 나는 동의했다. "회의에서 시간낭비를 막는 또 다른 중요한 방법은 문제 파악과 문제 해결을 분리하는 것입니다. 업무 담당자가 계획된 완료 시간을 맞추지 못했을 때, 회의에서 소수의 사람들은 나머지 회의 참여자와는 연관성이 거의 없는 아주 세부적인 기술적인 토론으로 몰아가는 경향이 있습니다."

"정확한 지적입니다." 알이 말했다. "나와 전혀 상관 없는 기술적인 브레인스토밍을 끝까지 지켜보지 않아도 된다는 것 자체가 대단한 일입니다. 하지만 문제 검토와 문제 해결을 분리시키면 두 회의에 다 참석해야 하고, 결국 회의의 수만 늘어나는 게 아닐까요? 그건 정말 제가 피하고 싶은 결과입니다."

"그런 걱정을 이해합니다. 문제 해결에 방해만 되는 추가적인 회의를 할 필요는 없습니다." 나는 다시 그에게 확인시켜주었다. "문제 검토가 끝날 때까지만 보류하십시오. 그 이후부터는 문제 해결 분야에 참여하지 않는 사람은 모두 자신의 업무로 되돌아갈 수 있습니다."

변동사항이 있을 때, 문제 파악 회의에서는 해결 가능한 조치에 관한 논의가 5분을 넘지 않아야 한다고 설명했다. 더 많은 시간이 필요하다면, 참여한 사람들은 두 번째 회의 단계로 넘어가 문제 해결을 계속할 수 있다. 이렇게 간단한 연습에 익숙해지면 수많은 문제 파악 회의는 그 시간이 반으로 줄어들 것이다. 그 후 즉시 문제 해결 분야로 넘어감으로써 실천으로 옮길 행동 아이템에 대해 논의할 수 있을 것이다.

행동 아이템의 중요성

"행동 아이템에 대해 말하게 되어 기쁩니다." 크리스티가 말했다. "행동 아이템을 완성하지 못하면 전체 회의가 시간만 낭비한 것처럼 느껴져요. 아무 것도 현실적으로 이룰 수 없다면 회의는 왜 할까요? 다른 말로 하자면, 사람들은 매주 회의에 투자했던 시간과 에너지에 대해 유의미한 변화로 보상받고 그들의 약속은 지켜져야 한다고 생각합니다."

"고맙습니다, 크리스티. 사람들에게 행동 아이템에 대해 책임성을 부과하는 것은, 한편으로는 전체 프로젝트 문화의 토대를 강화하는 것입니다." 내가 말했다. "팀원들이 자신이 말한 대로 실천할 수 없다면, 당신은 프로젝트를 운영할 수 없습니다. 회의는 약속을 만들고 유지하는 기본적인 기술을 갈고 닦는 실용적인 장을 제공해야 합니다."

"지금까지 우리가 논의한 것들을 다 실행에 옮긴다면, 회의는 1,000퍼센트나 개선될 것입니다." 데이브가 말했다. "하지만 우리가 여기에서 나가면 모든 것이 예전과 똑같이 일상적인 비즈니스로 되돌아가는 것은 아닌지 걱정됩니다. 우리가 실제로 이 방법을 확실하게 익히려면 무엇을 해야 할까요?"

성공을 평가하기

"회의의 끝에 간단한 평가 기법을 시도해 보세요. 각 회의의 마지막 단계에서 플러스(+)열과 마이너스(-)열이 적힌 플립차트나 화이트 보드를 준비하세요. 먼저 사람들에게 회의에 대해 좋았던 점을 물어서 플러스 열에 기록하고, 그 다음엔 개선해야 할 점을 물어서 마이너스 열에 적으세요."

"이것을 처음 시도할 때는 사람들이 남에 대해 평가하기를 꺼려서 좀 우습거나 황당한 평가를 내놓을 지도 모릅니다. 예를 들면 회의에 커피뿐 아니라 맥주도 있어야 한다고 제안할지도 모릅니다. 그들이 무엇을 말하든지 간에 바로 받아 적으세요. 그들이 다음 회의에 참여하여 테이블 위에 맥주를 발견했을 때의 반응을 상상해 보십시오. 어떤 메시지가 전달될까요?"

"말한 대로 이루어진 장면을 보겠죠." 데이브가 말했다.

"또한 자신이 말한 것이 실제로 차이점을 만든 것을 볼 것입니다." 엘렌이 덧붙었다.

"네, 많은 사람들에게 그것은 놀라운 경험일 것입니다." 내가 동의했다. "사람들이 중요하다고 여기고, 들어주기를 바라고, 그들의 기여가 차이를 만들어내는 경험을 많이 창조할수록, 팀은 더욱 강해집니다. 이 30분 간의 연습은 그러한 경험을 창조하는 가장 간단한 방법을 제시했습니다. 이것은 또한 더 나은 회의를 만들지요."

"내가 보기에도," 엘렌이 시작했다. "이 다섯 단계, 즉 안건 사항, 기본 규칙, 문제 파악과 문제 해결 회의를 분리하기, 행동 아이템 적용하기, 그리고 회의 끝에 평가하기는 우리가 하루 종일 논의했던 네 가지 기본을 강화하는 것 같습니다."

"이제 한 단계 더 나아가 봅시다." 내가 덧붙였다. "회의는 조직문화의 축소판입니다. 회의를 바꾸면 당연히 조직문화도 변화하기 시작합니다. 이것은 상대적으로 작은 것들을 통해 이룩해낸 거대한 대가입니다."

"전적으로 동의합니다." 프로젝트 매니저인 브렌다가 말했다. "하지만 이런 새로운 기술을 시도하려면 드러나지 않은 위험들도 다루어야 하지 않을까요?"

"그렇습니다." 나는 인정했다. "그것은 전부 당신의 의도에 달려 있습니다. 만약 당신이 이러한 기술을 사용하여 더 규모가 큰 조절을 하려 한다면 아마도 교묘하다는 비난을 받을 것입니다. 반면에 당신의 목표가 참여를 늘리고, 약속을 실행하며, 만족에 대한 더 많은 기회를 창조하는 것이라면, 아마도 사람들은 받아들일 것입니다. 사람들이 받아들이는 것은 당신의 진정한 의도입니다. 하지만 의도가 숨겨진 행동은 시간과 에너지를 낭비할 뿐입니다. 왜냐하면 우리는 다른 사람들의 행동을 바꾸는 데는 거의 성공할 수 없기 때문이죠. 우리는 올바른 일을 하고 그 결과를 진행시키는 데에 확신을 가지고 함으로써 훨씬 더 뛰어난 성공과 만족을 경험할 수 있습니다.”

우리가 관여하는 모든 프로젝트, 모든 회의, 그리고 모든 업무는 선택의 연속이다. 싸우고 또 싸우는 프로그램을 택할 것인가? 아니면 영역에서부터 일할 것인가? 레일에 페달을 전속력으로 밟을 것인가? 아니면 업무의 핵심적인 연결과 적절한 방향 전환을 하기 위해 속도를 조절할 것인가? 우리가 빠뜨린 F를 찾는 데 도와줄 수 있도록 다른 사람들을 참여시키는 데 긴 시간을 쏟는다면, 그들은 우리의 바람을 거절할 수 있겠는가? 그리고 고객뿐만 아니라 점원들과 프로젝트 모두 만족할 수 있도록 우리 자신과 타인들을 사랑할 것인가?

이것은 직업적인 성공과 의미 있는 삶을 위한 필수적인 선택이다. 우리의 행동에 명확하고 즉각적인 피드백을 제공함으로써, 프로젝트는 우리가 진정으로 원하는 사람이 되도록 자극해준다.

충족 가이드라인

생산적인 회의는 조직문화를 바꾼다.

규칙을 지키지 않으면 경기에 참여할 수 없다.

사람들이 원하는 것은 당신의 진심이다.

제 9 장
행동으로 보여주라

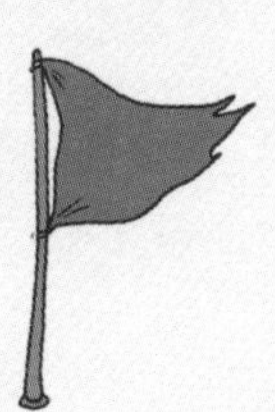

톰 이사와 크리스티 팀은 회사를 만족시키는 결과물을 내놓았다. 결론적으로 나는 몇 년 동안 그들 부서 전체에서 함께 일했다. 하지만 내가 가장 만족스러웠던 것은 1년 정도 지났을 때 엘렌에게 받은 편지였다. 그녀는 이렇게 썼다.

안녕하세요?

약속보다 늦게 이메일을 보내게 되어 미안합니다.

트레이닝 과정이 끝나자마자 크리스티 이사님은 저를 프로젝트 매니저로 승진시켰습니다. 그리고 새로운 도전은 제 삶을 훨씬 나은 쪽으로 변화시켰습니다. 지금의 나를 있게 하는 데 큰 도움을 주셔서 감사를 드립니다.

프로젝트 매니저로서 형식적인 역할에 익숙해진 후에야, 처음으로 몇 달 후의 시스템 통합 프로젝트에 참여할 기회를 얻게 되었습니다. 초기에는 프로젝트를 거부하는 사람이 많았습니다. 또한 15~25명의 사람들이 초기 계획회의에 참석하거나 유선으로 참여했는데, 그것이 실수였습니다. 많은 갈등이 터져 나왔고, 초기 계획대로 일을 하기 위해 필요한 정보를 얻는 데 세 시간이나 걸렸습니다. 저는 이제 계획 단계에서 효율적인 인원은 10명 안팎으로 축소시켜야 가능하다는 것을 배웠습니다. 이러한 회의 후에는, 저는 몇 사람의 저항을 해결하기 위한 참고용으로 F 실험을 활용했습니다. 또한 모든 사람들이 크리스티 이사님께 직접 의견을 표출할 수 있도록 회의에 참석할 것을 요구했고, 그녀는 내가 신뢰와 권위를 가지는 것을 도와주었습니다. 이것은 갈등을 명확하게 설정함으로써 우리의 영역 안에서 일하는 것을 가능하게 했습니다. 하지만 진정한 혁신은 나머지 팀원들의 얼굴을 직접 대면키 위해 달라스에 갔을 때 일어났습니다.

초기에는 시간적인 부담 때문에 여행을 하는 것을 매우 꺼려했습니다. 그때 속도 조절하기와 포섭에 대해 우리가 이야기했던 모든 것들이 기억났습니다. 그것을 명심하면서 비행기를 예약했어요. 그 결과는 매우 놀라웠습니다.

대부분 서먹서먹한 팀 구성원의 일부는 일단 서로를 파악하고 점심을 먹으러 갈 때쯤 다소 긴장을 푼 것처럼 보였습니다. 심지어 일부 사람들은 일이 끝난 후 열을 식히기 위해 술집으로 갔습니다. 우리 팀의 관계는 그 여행 이후로 눈에 띄게 개선되었습니다. 이런 성공을 지속하기 위해 다음 몇 달 동안 다시 달라스에 여행을 갈 계획입니다. 나는 이제 효율적인 참여는 우리가 회의를 진행하는 방식을 다루는 것만큼이나 사무실 밖에서도 다루어야 한다는 것을 깨달았습니다.

이러한 첫 번째 어려움을 잘 이겨낸 후로 우리 팀이 참여한 프로젝트 계획에 대하여 경영진으로부터 큰 칭찬을 받았습니다. 저는 당신의 기술을 활용하여 최종적인 계획을 최적화하기 위하여 핵심 팀을 10명으로 줄였습니다. 이것 때문에 한 시간 반 가량 동안 이 과정을 단축할 수 있었습니다.

또한 다음 단계의 프로젝트를 계속하기 위하여 핵심 팀 13명 중에서 3명을 당신의 수업에 다시 참여시키는 것도 매우 유용했어요. 이제 대부분의 팀원들은 프로젝트를 진행하는 데 있어서 내가 무엇을 하는지 다 이해합니다. 이제 우리는 공통의 언어와 공통의 경험을 가지게 되었지요. 팀원들은 더 이상 내가 그들을 지옥 끝에 올려놓는다고 생각하지 않습니다. 이 트레이닝 과정을 아직도 겪지 못한 사람들의 이해를 돕기 위하여 규칙에 대해 한 페이지 분량으로 요약한 것을 함께 넣었는데, 그것은 큰 도움이 되었습니다. 복사해서 동봉합니다. 의견을 알려 주세요.

마지막으로 현재의 성공은 나의 일과 프로젝트 팀에 대한 깊은 이해에서 비롯된 것입니다. 그것은 빠르게, 제대로 일하는 규칙을 몰랐다면 불가능했을 것입니다.

다시 한 번 도움에 감사 드립니다.

엘렌

나는 엘렌이 겪은 시도와 실패의 과정을 명확하게 썼던 것에 감동 받았다. 처음에 그녀는 전체 팀을 구성하려 했고 스물 다섯 명은 너무 많다는 것을 깨달았다. 그래서 열 명으로 축소했다. 그녀가 초기의 저항에 부딪혔을 때, 수업에서 배운 방법을 시도하려 했다. 하지만 그녀는 또한 크리스티에게 신뢰를 구축하는 것을 도와달라고 요구했다. 크리스티는 달라스로 날아가서 나머지 팀원들을 직접 만나라고 말했다. 쫓기는 마감 때문에 그녀는 단념하려고 했지만, 그녀는 속도 조절하기 가이드라인을 실행했다. 효율적인 참여는 우리가 회의를 진행하는 방식을 다루는 것만큼이나 사무실 밖에서도 다루어야 한다는 그녀의 통찰력은 매우 중요하다.

엘렌은 이러한 가이드라인을 현실에 적용하는 방법을 보여주었다. 그것은 지도라기보다는 나침반과 같다. 항상 올바른 방향을 잡고, 길을 가리키는 데 그것들을 이용하라.

프로젝트 성공은 명확한 약속을 설정하고 지키는 데 달려 있다. 이것은 힘을 기반으로 한 관계에서 상호보완적인 관계로 전환할 것과 효율적인 커뮤니케이션에 적극적으로 참여할 것을 요구한다. 이를 실행하기 위한 네 가지의 규칙은 다음과 같다.

포섭하라

1. 빠트린 F를 찾기 위해 피드백을 증가시켜라.

2. 고객들과 끊임없이 접촉하라.

3. 계획은 곧 행동이다.

포섭은 스트레스를 무너뜨린다. 스트레스는 내부의 두려움이나 더 많이 하거나 더 빨리 움직이려는 경향에서 기인한다. 다음 두 가지 규칙은 이러한 주제를 다루는 가이드라인을 제공한다.

두려움에 직면했을 때 기억하라

'함께 한 영역 안에 있다' 는 데서부터 출발하라

1. 우리는 모두 함께 존재한다.

2. 해결책은 항상 존재한다.

3. 당신이 진정으로 어디에 있는지 파악하라.

과도한 업무에 스트레스를 받을 때 시도하라

속도를 조절하라

1. 정기적으로 잔을 비워라.

2. 한계를 존중하라.

3. 방향을 바꾸기 위해 속도를 늦춰라

프로젝트 참여자들이 만족하고 안심할수록 고객들도 더 많이 행복해 한다. 그것이 다음과 같은 네 번째 규칙이 설정된 이유이다.

프로젝트와 사람 모두를 만족시켜라

1. 회의를 바꾸면 조직문화가 바뀐다.

2. 규칙을 지키지 않으면 게임에 참여할 수 없다.

3. 사람들이 원하는 것은 당신의 진심이다.

당신이 이것을 생각할 때마다 많은 시간이 소요될 것이다.

긴장을 늦추지 말고 얼마나 많은 시간을 소모하는지 기억하라.

이제 남은 건 당신의 선택뿐이다.

지은이 배리 플리커

옮긴이 고현숙 · 서기영

펴낸곳 도서출판 예문

펴낸이 이주현

주간 홍대욱 기획 정도준 마케팅 정병인 관리 최혜진

편집 한산규 · 박경순

등록번호 제5-477호 등록일 1995년 3월 2일

전화 765-2306 팩스 765-9306

주소 서울시 성북구 성북1동 184-5 신우빌딩 302호

http://www.yemun.co.kr

ISBN 89-5659-009-5   13320

초판1쇄 발행일 2002년 12월 2일